学生必知的外国文化知识读本

学生必知的古希腊文明

晏立农　马淑芹　◆　编著

吉林人民出版社

图书在版编目(CIP)数据

学生必知的古希腊文明 / 晏立农,马淑芹编著. -- 长春:吉林人民出版社,2012.7
(学生必知的外国文化知识读本)
ISBN 978-7-206-09210-7

Ⅰ.①学… Ⅱ.①晏… ②马… Ⅲ.①文化史—古希腊—青年读物②文化史—古希腊—少年读物 Ⅳ.①K125-49

中国版本图书馆CIP数据核字(2012)第149512号

学生必知的古希腊文明
XUESHENG BIZHI DE GUXILA WENMING

编　　著:晏立农　马淑芹	
责任编辑:崔　晓	封面设计:七　洱

吉林人民出版社出版 发行(长春市人民大街7548号 邮政编码:130022)
印　　刷:鸿鹄(唐山)印务有限公司
开　　本:670mm×950mm　1/16
印　　张:14　　　　　　　字　　数:170千字
标准书号:ISBN 978-7-206-09210-7
版　　次:2012年7月第1版　印　　次:2021年8月第2次印刷
定　　价:48.00元

如发现印装质量问题,影响阅读,请与出版社联系调换。

目录

前言 ·· 001

爱琴破晓　开启西方文明 ·················· 001

按图索骥　寻觅特洛伊 ·················· 009

考古再现　迈锡尼文明 ·················· 013

神话变现实　米诺斯之谜 ·················· 019

解线形文字　破文明之谜 ·················· 025

希腊城邦　自由民主根基 ·················· 030

崇尚武力　筑就"人墙之邦" ·················· 033

文明摇篮　全希腊的学校 ·················· 040

海外殖民　传播民族文化 ·················· 046

希波之战　文明的转折点 ·················· 049

伯里克利　开创黄金时代 ·················· 056

伯罗奔尼撒战争　改变希腊世界 ·················· 063

目录 CONTENTS

诗王荷马　教化古希腊　…………………………068

时代巨变　萨福抒发情怀　………………………073

文学之巅　古希腊悲喜剧　………………………078

群星璀璨　展演说家风采　………………………084

史学之父　辟史记之先河　………………………089

将军弃武　书写战争历史　………………………092

继承开拓　色诺芬书远征　………………………097

好奇童年　追溯万物本源　………………………101

巨人时代　确立世界轴心　………………………107

流衍变异　为基督教铺路　………………………114

宗教神话　与神的契约　…………………………119

众神崇拜　奥林匹斯神系　………………………125

神人结合　凸显英雄本色　………………………133

目录 CONTENTS

"数"与"形"的神奇妙用 …………………………… 139

经天纬地　天文地理之大成 …………………………… 146

生命探幽　制定医德誓言 …………………………… 151

和谐之美　灵与肉的依存 …………………………… 156

神明的静穆　理性的光辉 …………………………… 160

为神造像　巨匠菲狄亚斯 …………………………… 167

巧夺天工　希腊化时期雕塑 …………………………… 171

凝冻的音乐　石质的史书 …………………………… 176

柱式建筑　再现希腊精神 …………………………… 179

建筑奇迹　帕特农神庙 …………………………… 184

沁人心脾　古希腊音乐魅力 …………………………… 191

古代奥运　传承文明精神 …………………………… 193

传神写照　壁画彩绘互映 …………………………… 199

目录 CONTENTS

家庭婚姻　妇女地位面面观 …………………………………… 202

天之骄子　亚历山大大帝 …………………………………… 206

交流融合　希腊化时代 ……………………………………… 211

文化轴心　亚历山大里亚 …………………………………… 214

前　言

　　古代希腊文化是世界古典文明中一颗璀璨的明珠，古希腊民族在文学、艺术、哲学、史学、科学技术等方面创造的辉煌成就，在世界文化史上占有十分重要的地位。它不仅是西方文化的源头，更与中华文明、印度文明一道成为直接奠基着近现代文明产生和发展的文明基石。

　　古希腊这个国家可以说是一个谜，一个令后世惊讶的国度，一个值得认真研究其无比丰富的文化遗产的国度。希腊地处爱琴海和地中海之畔，大部分国土贫瘠而多山，这些不太优越的自然条件使古希腊人养成了克服困难、艰苦奋斗的坚强性格。古希腊的疆土由许多岛屿组成，航海是最主要的运输、交流途径，它自古以来就是一个海上民族。海上活动锻炼了古希腊人，海上的生活不但需要健康的体魄，还要有很高的应变能力，海上的环境使人们不得不对气象、机械等有更多的了解而加深对自然界的认识。另一方面，它又助长了人们幻想的能力。希腊山地众多，城邦林立，长期以来没有统一的强权统治，城邦之间相互竞争又相互促进，城邦追求的自由、自治和自给自足的目标，公民同本邦利益休戚相关的意识，是西方文化追求民主、自由思想的基础。

　　希腊人爱好自由、追求理想、崇尚智慧、富有创造精神，推崇"人"为宇宙间万物之灵，并拒绝接受教士或专制君主的支配，甚至在活跃的神话与多神宗教信仰之中，也不愿在神前贬抑自己；他们的态度是以世俗与理性为主的；他们崇尚自由研究的精神，并认为知识高于信仰。人文主义精神在希腊的悲剧中展露无遗，同时也成为日后欧洲文化发展的中心价值。

"辉煌属于希腊。"近现代的西方人，似乎对古希腊文明怀着无法释怀的感念，尽管古希腊文明已消失，人们却奉它为西方文明之根。古希腊文明与世界绝大多数古代文明不同，它以商业为经济之本，以城邦民主制为政治之本，以奴隶制为社会之本，以抽象理性为思维之本，以描摹真实、反映人生为文学艺术之本，以人格神崇拜为宗教之本，以纯学科研究为科学技术之本。在诸多方面奠定了西方现代文明的基础。

　　本书以古希腊文明大事年代为主线，以史实为依据，从不同角度，包括文明的历史兴衰变迁、文明的内涵外延(政治制度、经济、军事、考古学、宗教神话、哲学史学、文学艺术、造型艺术、科学技术、社会生活、家庭教育)等诸方面，来全面系统地展现古希腊自爱琴文明到公元476年古罗马帝国灭亡这段文明史的全貌，特别是凸现贯穿于其中的文明精神。在这段长达两千多年的历史中，古希腊经历了前后两次断层、古风时期、古典时期和希腊化时期，之后又经历了罗马帝国统治时期。第一次断层出现在公元前1200年—公元前800年的"黑暗时期"，持续400年。公元476年随着罗马帝国的覆灭，西方社会进入中世纪，古希腊文明出现了第二次断层。这一次持续近千年，直至文艺复兴。

　　本书在编撰的过程中，参考、采用、辑录了一些外文原著、专著、译著和许多学者的研究成果以及互联网中的文章和资料，因所查及书目较多，限于体例与篇幅，恕不一一注明。特向原作者和出版者深表谢忱，并致诚挚的敬意！

　　限于学术水平，书中舛误之处在所难免，诚祈海内外方家不吝赐教。

爱琴破晓　开启西方文明

浪漫的爱琴海　神秘的克里特

在地中海东部的海域，希腊和土耳其之间，有一片南北长610千米，东西宽约300千米，面积21.4万平方千米的海域，那就是美丽的爱琴海。这里风景秀丽，充满着浪漫的海洋气息。长长的海岸线上，被许多橄榄树果园、峻峭的山岩所包围，可以称得上是一道亮丽的风景。爱琴海，这个哺育了古希腊文明的母亲，而今在她宁静的外表下，仍翻腾着一段段令人难以忘怀的历史。而这一切又得从位于它的最南端的一个岛屿说起。

在深蓝色的海上，有一块叫克里特的土地，富饶而秀美，周围被海浪冲洗。那里居民稠密，九十个城镇林立在岛上。

这是《荷马史诗》中的歌咏，它赞美的这个繁华的地方就位于爱琴海最南端，一个长250千米，宽12千米至60千米的多山海岛——克里特岛。克里特岛被地中海蔚蓝色的海水所环绕，风光绮丽，气候宜人。在希腊古老而辉煌的历史上，克里特岛似乎也没有值得一提的灿烂之处，历史学家对该岛遥远的过去几乎一无所知。但克里特岛却是古希腊人的民族精神与哲学的源泉——古希腊原始神话的发源地，传说中的大英雄也与它息息相关。多少年后，人们才吃惊地发现，是克里特岛上的米诺斯文明划开了西方文明的混沌，甚至后来的强势文明都是以它为根基，融合了它的精神。而岛上最光荣的时代，正是以一些离奇古怪的神话传说为线索，从地下被

发掘出来的。从那神秘莫测的神话中，人们不仅能感受到它的美丽和富有诗意，而且还能感受到时间的深邃和悠远，能把人们带入一个缥缈而又空灵的境地：关于宙斯诞生的神话故事。

宙斯的诞生

象征希望与未来，代表着天空的第一代天神乌拉诺斯，是大地母神该亚的儿子和丈夫。他和该亚生十二提坦神、独目巨人和百臂巨人。

乌拉诺斯是躺着的，躺卧在生下他的大地身上，他们完全叠合，每一块土地都有一片天空黏在皮肤上。乌拉诺斯不停地在该亚的怀抱中发泄淫威，由于乌拉诺斯贪恋权力，他把该亚与他生的孩子全都捆在该亚体内。最终该亚再也无法忍受了，她鼓动孩子们起来反抗他们的父亲。听到这些，在该亚的肚子里的提坦神们都吓坏了。乌拉诺斯一直都压在他们母亲的身上，要想打败他可不容易，只有最小的儿子克洛诺斯答应帮助母亲推翻父亲。该亚和奸诈的克洛诺斯制订了一个极其狡诈和周密的计划。最终克洛诺斯推翻了父亲，成为第二代天神。

然后他娶了他的姐姐瑞亚，瑞亚给他生了五个孩子，全都在刚出生时被他一口吞下。因为他的父亲乌拉诺斯曾预言过，克洛诺斯也会被他孩子中的某一个废黜掉。于是当孩子一出生，他便把他们一个一个地全都吞进肚子里去。瑞亚对此事悲痛不已，当第六个孩子快要临产时，她恳求父母帮助她想一个万全之策，以将这个儿子出生的事隐瞒起来免遭其父吞食。他们建议她离开克洛诺斯到克里特岛去。

瑞亚听从了他们的劝告，悄悄地从天上来到克里特岛，躲藏在伊达山的狄克梯安洞里生下第六个孩子——宙斯。当瑞亚用清澈的泉水给婴儿洗完澡后，用襁褓包好，把他委托给一个叫阿德拉斯忒亚的仙女抚养。她回去后便将一块细长的石头裹在襁褓里，充作儿子送给了克洛诺斯。克洛诺斯接过襁褓，连看也不看就将它一口吞了下去。还得意自己又一次想办法挫败了宿命呢。

狄克梯安洞又深又大，洞口前面是一片茂密的树林，洞口的石壁上长着厚厚的常春藤，仿佛一块壁毯。当仙女把新生儿抱进这个洞时，住在这个洞里的其他仙女都上前抢着抱孩子。她们让婴儿在金色的摇篮里睡觉。母山羊阿玛尔忒亚用自己的乳汁哺育宙斯，蜜蜂为他酿造甜美的蜂蜜，鸽子也从遥远的大洋彼岸给他带来使人长生不老的仙丹，一只巨鹰从一个山泉给他送来喝了永生不死的玉液。

阿德拉斯忒亚送给奥林匹斯山上的未来之王一个精致的玩具，那是一个镂孔的金球。当婴儿啼哭时，她就把这个闪闪发光的玩具像抛球一样抛到空中，金球落下时划出一道长长的金光，这时宙斯便破涕为笑了。为了躲过生性多疑的克洛诺斯的双眼，阿德拉斯忒亚将婴儿挂在一个树枝上。这样，他既不在地上，也不在海里，又不在天上。当婴儿大声哭喊时，阿德拉斯忒亚便与其他仙女敲打着铜盾，发出叮当声来掩盖孩子的哭喊声。因此，克洛诺斯一直没有发现自己的儿子被藏在山洞里，他吞食了瑞亚用布包着的一块石头，还以为把婴儿吞食了。总之，哺育婴儿的任务可不是件轻松的事。有一天，小宙斯迫不及待地要吃奶，他紧抓住母山羊阿玛尔忒亚的一只角，结果那只角被他折断了。但阴差阳错，坏事变成了好事，那只角就成为以后所谓的"丰裕之角"，它可以源源不断地流淌出任何人们想要的谷物和果实。

宙斯在克里特岛长成一个英俊健壮的青年。为了推翻父亲的统治，他去找墨提斯——一位拥有无比智慧和预知能力的提坦女神询问击败克洛诺斯的方法。墨提斯为宙斯配了一小瓶具有催眠和催吐作用的药水。一天，宙斯将药混入酒中，服侍克洛诺斯喝下。很快，克洛诺斯便昏睡不醒，并不断呕吐，将吃进肚中的已长大成人的五个孩子都吐了出来。他们是得墨忒耳、赫斯提亚、赫拉、哈得斯、波塞冬。

宙斯的兄弟姐妹们感激宙斯的救命之恩，一致立他为新的王。随后，宙斯他们与提坦女神进行了长达十年之久的提坦之战，最后宙斯依靠三个独目巨人和三个百臂巨人的帮助，终于战胜了强大的对手。从此，天和地都只服从宇宙的唯一统帅——宙斯，波塞冬成了海神，哈得斯当上冥王。

学生必知的古希腊文明

欧洲（欧罗巴）的由来

　　宙斯与欧罗巴结合的故事与爱琴世界有极大的关系。作为众神之父和万人之王的宙斯，先后娶了七位女神为妻，但他依然风流成性。他借到人间私访与多名凡间女子有染。其中一位就是腓尼基国王的女儿，美若天仙的欧罗巴。一天她和女伴们到海边采摘玫瑰花编制花环。宙斯从远处望见了欧罗巴。这位目光盈盈、皮肤红润的姑娘使奥林匹斯之王动了心，他爱上了她。可是，他害怕嫉妒成性的赫拉发怒，又怕自己的形象难以感动这位纯洁的姑娘，于是宙斯把自己变成了一头膘肥体壮、高贵而华丽的公牛。

　　草地上，牛群慢慢散开，神情专注地吃着草，"大公牛"却无心吃草，一心想着如何靠近欧罗巴。这头与众不同的"公牛"不但身形健美而且脾性温顺，很快便吸引了这位公主和姑娘们的注意。公牛走到欧罗巴跟前，欧罗巴大胆地用手温柔地抚摸油光闪闪的牛背。公牛似乎很通人性，躺在她的脚旁，瞧着她，摆头示意，让她爬上自己宽阔的牛背。欧罗巴壮着胆子骑上牛背，还把姑娘们编织的花环挂在牛角上。这时公牛便一跃而起，缓慢地走着，但又让女伴们赶不上。公牛突然加速，像奔马一样疾驶而过，欧罗巴还没明白怎么回事，公牛已经纵身入海。欧罗巴一边用手紧紧地抓着牛角，一边大声呼喊女伴们的名字，可是风浪掩盖了她微弱的声音。公牛姿态优雅老练，就像一艘巨型的海轮，平稳地游向大海深处。欧罗巴惊慌地环视了一下自己的周围，家乡的海岸已经看不见了，她只看到蔚蓝的天空和无边无际的海洋。最后，在远处的地平线上出现了一座岛，公牛加快速度，来到岛上。这个岛就是克里特岛。

　　在一棵梧桐树下，惊诧恐惧的欧罗巴从牛背上跳下来，眼泪汪汪地望着海的另一边，突然，刚才还是漂亮健美的公牛却变成了一个俊逸如天神的美男子。男子单腿跪地，轻轻抓着姑娘的手，把自己的身世告诉了她，并向欧罗巴表示了爱慕之情。欧罗巴慢慢地回过神来，被宙斯的行动深深打动，就答应了他的请求。为了纪念这段美好的情感，宙斯把与欧罗巴结合的地方以欧罗巴名字命名，这就是现在欧洲大陆名字的由来。之后，欧罗巴嫁给了当时的克里特国王阿斯忒里翁。

米诺斯传奇

欧罗巴为宙斯生了三个强壮而睿智的儿子，他们分别是米诺斯、拉达曼堤斯和萨耳珀冬。阿斯忒里翁死后，米诺斯成了克里特国王。他是一位贤明公正的君主，他之所以英明，就在于他依法治国。而且法律也被看作是上天所赐，神圣不可侵犯。神话传说中写道：当米诺斯成为克里特王并想把一部法典赠予该岛之民时，他便带领臣民来到宙斯诞生的狄克梯安洞。众民在山上肃然而立，耐心等待。米诺斯则走进洞中极深处那幽秘的圣堂，与早已等候于此的天神宙斯娓娓而谈。之后米诺斯双手捧着一部法典从洞中走出。他荣耀地告诉等候在那里的臣民，众神之父宙斯已赐予克里特人民一部神圣的法典，并当场公布法典的内容。也正是依赖这部神圣的法典，他统治着这百城之岛，组建了强大的海军，他统率强大的舰队进行了几次大规模的远征，控制了东部地中海，从此威震四方。但他登基时并不顺利。

当他宣布要继承王位时，他的兄弟们都起来反对，但他却说这是众神的旨意。为了证明这一点，他说他想要什么，上天就会赐给他什么。米诺斯向波塞冬献祭，祈求海神送给他一头神牛，并发誓他将把这头牛回祭给这位主神。果然一头健美的神牛从海里升起，克里特人认为米诺斯有神灵相助，于是将他拥上了国王的宝座。可是米诺斯登基后却食言，因为他太喜欢这头牛，没杀这头牛，而把另一头牛杀了献祭给波塞冬。波塞冬大怒，使米诺斯的妻子帕西淮爱上了这头公牛，结果王后生下了牛首人身的怪物米诺陶洛斯。

凄美的传说

事已至此，米诺斯只好让代达罗斯建了一座迷宫，把这个牛首人身的怪物关在里面。迷宫里道路弯弯曲曲，迷离小径和多歧转角比比皆是，人一旦进去，要是没有人帮助，休想找到出路回来。米诺牛便潜伏在里面，等候着吞食前来送死的牺牲者。

米诺斯因为儿子安德洛革俄斯死在雅典，便怒气冲冲率领强大的舰队来围攻雅典城，为儿子复仇。神祇们也降灾于雅典，使之蒙受旱灾与瘟疫。在这时，阿波罗神谕昭示，只要雅典人与米诺斯和解并得到他的宽恕，一切灾难便会自动解除。于是，雅典人便宣布投降，并订立了残酷的赔偿条约。条约规定：雅典人每9年要派送7个童男童女到克里特岛去。然而，雅典人的灾难并未完全消除，因为送去的童男童女是给米诺斯的儿子——牛首人身的怪物米诺牛——享用。这已是第三次了，14个人抽签当选，雅典人已经预备好表示服丧的黑帆船，牺牲者要乘这只船前往克里特岛。忒修斯是一位忧国忧民的英雄，看到了大家的悲哀和痛苦，他勇敢地站出来并向国民宣誓，一定杀死牛怪，拯救雅典。人们都赞美他的高尚无私的品格，但他的父亲埃勾斯却不愿失去将作为他王位继承人的儿子。忒修斯耐心地劝慰老父，并表示他将杀死牛怪并与童男童女安全归来。进贡的帆船即将起航，埃勾斯反复叮嘱自己的儿子：假如平安归来就在船上改挂白帆。

当忒修斯在克里特登陆后，前来接受贡品的武士将他带到米诺斯国王的面前。这位英俊的男子立刻引起了在宫中漫步的国王女儿阿里阿德涅的注意，公主对忒修斯一见钟情。她想尽办法与忒修斯幽会，向他倾吐自己的爱慕之情。当他得知忒修斯的情况后，这位被爱情燃烧的少女决心助他一臂之力，要将他从死亡的牢笼中救出来。于是她便请求代达罗斯指点走出迷宫的途径。

在代达罗斯的指点下，阿里阿德涅在忒修斯进入迷宫时给了他一个线团和杀死怪物的魔剑。忒修斯便把线的一端牢牢系在迷宫的入口处，一边走一边放线，循着多歧而迷乱的路一直拉到米诺牛居住的大厅。在迷宫深处他发现了米诺牛，忒修斯手持魔剑与米诺牛展开了殊死的搏斗……终于，米诺牛死于忒修斯的魔剑之下。之后，忒修斯顺着线团走出迷宫。阿里阿德涅焦急地等在门外。她已下定决心跟心爱的人一起私奔。忒修斯携阿里阿德涅以及得救的雅典童男童女一起迅速地登上帆船，驶离克里特岛。此时，忒修斯早已遵从公主的劝告，把克里特人的船底凿穿了，因此米诺斯已无法追来，克里特人只好在岸边望洋兴叹！不久，船只便顺利到达了纳克索斯岛。可是在岛上，忒修斯获得神谕，他必须放弃他的爱情，否则便会受到神的惩罚，因为酒神已经爱上阿里阿德涅。他只好将美丽的公主留在荒凉的孤岛上，悲痛地离去。

忒修斯怀念阿里阿德涅，以至于忘记了父亲曾经告诉他更换船帆的事。自从儿子走后，埃勾斯就每天都到雅典卫城上去观望儿子的船是否在海上出现。

一天黄昏，埃勾斯正伫立岸边望眼欲穿。当他看到黑帆，便认定儿子已惨遭不幸。年迈的埃勾斯痛不欲生，纵身投入大海，葬身海底。为了纪念这位贤明的国王，人们就把这片海域命名为埃勾斯海（Aegean Sea），通译为爱琴海。

米诺斯与代达罗斯

米诺斯与代达罗斯　然而故事并未就此完结。当米诺斯得知是代达罗斯促使他的女儿出逃后，便把他和他的儿子伊卡洛斯一块囚禁在迷宫里。

代达罗斯决定飞离此地。他把羽毛用蜡粘住，给自己和儿子做了翅膀，把它安在双手上。这两个大胆的人便飞上天空，翱翔在海上。代达罗斯跟儿子说："伊卡洛斯，你要保持在中间飞行，假如降得太低，海浪要溅湿你的翅膀，飞得过高，太阳会把翅膀烧掉。要紧跟着我，不要落在我

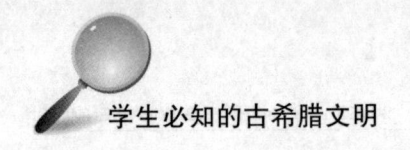

后面。"起初，伊卡洛斯遵照父亲的指示，但是后来就把谨慎小心都忘掉了，高高地向那空气既新鲜、阳光又明亮的天空飞去。于是太阳伤害了伊卡洛斯，灼热的阳光把粘住羽毛翅膀的蜡给融化了，他一头掉进海里。代达罗斯悲伤地继续飞行，一直飞到西西里岛的科卡罗斯国王宫殿里。

国王米诺斯并没有放弃追杀代达罗斯的打算。他派人带着一个螺旋贝壳，寻访每一个国家并对各国国王许下诺言，谁能用线穿过贝壳，将给重金酬偿。他相信用这个办法就能找到代达罗斯。

科卡罗斯国王贪图这笔酬金，便请代达罗斯来解决这个难题。代达罗斯回答说："没有比这个更简单的了。"他用一根线拴在一只蚂蚁身上，在螺旋贝壳上钻一个孔，让蚂蚁爬过去。科卡罗斯派人把穿过线的贝壳送还给米诺斯，于是便得到了一大笔奖金。而米诺斯也就据此知道了代达罗斯的下落。

克里特国王带领了庞大的舰队来到西西里，要求科卡罗斯国王把那位艺术家兼工匠的代达罗斯交出来。科卡罗斯答应交出代达罗斯，并设宴款待米诺斯。在宴会之前，科卡罗斯请米诺斯香汤沐浴，而科卡罗斯的女儿们却借机除掉了米诺斯。因为米诺斯是位贤明的君主，理政公平，又从其父宙斯那里学会制定法律，所以他死后，成了冥界的判官。

古老美丽的爱琴海的神话传说，围绕着克里特岛展开，绝不是一个偶然，它暗喻着爱琴文明的源头就在克里特岛上。克里特是人类历史上与亚特兰蒂斯、庞贝一样突然消失的前希腊文明，是被现实证明了的"神话"。

但是，本应在克里特岛上揭开爱琴海文明的序幕行动，却成了一种历史事实的追溯行为。爱琴文明，未能从其源头开始揭示，而是拦腰半截展开，即从特洛伊和迈锡尼展开，实在是一种历史的误会。

这种误会，源于《荷马史诗》。较之古老美丽的爱琴海的神话传说，《荷马史诗》更有一种摄人心魄的魅力。正是由于这个魅力致使一位传奇式的考古学家出于童年时代的梦想，他执着地放弃了商业生涯，投身于考古事业，使得《荷马史诗》中长期被认为是文艺虚构的国度：特洛伊、迈锡尼重现天日，他也从此名扬天下。他就是德国考古学家海因里希·施里曼。

按图索骥　寻觅特洛伊

　　希腊神话毕竟是人类童年时代的产物。它是前逻辑的原始思维的结晶。《荷马史诗》并不仅仅是一种悦人心目的艺术品，它也蕴涵着宗教的、伦理的、社会的、历史的内容。

　　考古学家海因里希·施里曼，1822年1月6日出生于德国小镇新布科夫。在他还不到10岁的时候，就已经对考古产生了兴趣，这种兴趣一直伴随了他的一生，并最终激励他在前希腊文明考古研究领域中另辟蹊径、独树一帜，取得举世公认的不朽成就。

　　特洛伊究竟在哪里呢？根据《荷马史诗》的记载，人们只能推测出它大致的位置是在小亚细亚西北部沿岸一带，靠近赫勒斯滂海岸（达达尼尔海峡）。在施里曼之前，许多人曾在这一带找寻过这个传说中的城堡，但踏遍青山却一无所获。施里曼手捧《荷马史诗》，重点在土耳其西北部的布纳尔巴希村和希萨利克山进行考察，许多人认为布纳尔巴希村有冷热二泉存在，村后的小山像是城堡的所在地，也就是特洛伊故址的所在地。但施里曼把这个地方的环境与《荷马史诗》中的描述进行对比后，很快排除了这个可能性。他认定，希萨利克山的可能性更大，它虽然没有冷热二泉，但离海近，地形更符合荷马的描述，而且，它附近有一座城市的遗迹，这个城市被学者认为就是罗马人所建的城市新伊利昂。他相信，荷马的特洛伊就在希萨利克山下。施里曼这种"按图索骥"、迷信荷马的做法在当时被传为笑柄。

　　1870年4月，施里曼雇用了一百多名工人，开始了发掘工程。

学生必知的古希腊文明

这位对《荷马史诗》抱有热情浪漫想象的考古爱好者，当时的挖掘方法有些鲁莽。他不像专业考古学家那样小心翼翼地对遗址进行挖掘，而是命令工人尽量挖宽挖深，从小山的这一端挖到那一端，一心只图尽快找到《荷马史诗》中的特洛伊。

使施里曼大感意外的是，他发现了埋在山丘下的一大片城市。一层一层的废墟一个压一个，每一层代表着一个城市，各层之间又有多层泥土相隔。有几层有灰烬存在，表明城市曾被火焚烧过。但施里曼对上面的几层不感兴趣，他认为真正的特洛伊，即《荷马史诗》中的特洛伊，应该是最下面或靠近最下面的底层。他大刀阔斧地掘毁了上面的几层，许多有价值的遗址就这样消失了，当时许多学者对这种无法挽回的损失大为痛心，斥责施里曼是"特洛伊的第二个破坏者"。

最初的发掘使施里曼感到失望和困惑，一挖到底的结果表明，在荷马描绘的特洛伊之前，还有更早的居民居住在这里。施里曼心里充满了疑惑，《荷马史诗》中那些闪光的金属在哪里？他把所挖掘出的城市遗址命名为特洛伊，继续寻找真正的特洛伊。

到了1873年，荷马终于没有使施里曼失望。民工们在接近小丘遗址的底层挖出了一条5米多宽的石铺路面，施里曼断定，这条街道的尽头一定有一座大型建筑物的遗址。他马上加派人手，沿街掘进。施里曼确信，他终于找到了那座被希腊联军焚毁的城堡。同年5月，一大栋建筑物的遗址展现在施里曼眼前，虽然这座建筑物并没有像预想中的豪华，但有着厚实的城墙和高耸的城门，城内有一处昔日甚为可观的宅院，城墙上也有大火焚烧的痕迹。施里曼毫不迟疑地认定这就是他孜孜以求的特洛伊城，那个宅院也就是普里阿摩斯王宫。他已经找到特洛伊国王普里阿摩斯的宫殿。他向全世界宣告了他的发现，但遭到的是一片指责和怀疑。既然普里阿摩斯在历史上是否真实存在还有待考证，施里曼凭什么确定他发现的就是普里阿摩斯的宫殿呢？学者们的口诛笔伐使狂喜的施里曼大为泄气，他拿不出任何的证据来证实他的发现。他几乎挖空了古城的一半，却从没有发现一块金子。几年的挖掘使他疲惫不堪，一度决定打退堂鼓。也许，荷马的特洛伊压根儿就不存在。

在1873年6月14日，施里曼和雇工们到工地做最后一次努力。当他站到8.53米深靠近普里阿摩斯王宫环形墙附近时，突然被废物层中一个形状很特别的器物所吸引，因为那东西后面似乎有夺目的光彩在闪烁。施里曼意识到那肯定是金子。随后，一件又一件的宝贝被挖掘出来。耳环、项链、王冠……另外还有6只金镯、一只重601克的高脚金杯、一只高脚琥珀金杯、一件装有60只金耳环的大的银制器皿、8700个各种式样的金制物件，还有穿孔的棱镜、金扣子、穿孔小金条和其他小件饰物，以及银、铜的花瓶与青铜武器。

施里曼家族成功地把这批宝藏运出了土耳其，由在希腊的索菲亚的亲戚藏在花园和货棚里。1874年，施里曼向世人公布了"普里阿摩斯宝藏"的发现。人们这才相信，《荷马史诗》中的特洛伊城并非虚幻的传说。施里曼至死都确信这是特洛伊王普里阿摩斯王宫的宝藏。他认为既然这是特洛伊城的遗址，那么，他相信，宝藏所在的倒数第二座城址就是《荷马史诗》中描述的特洛伊城，是斯卡安城门，是普里阿摩斯王宫的宫殿。

但后来的一些考古学家却认为，施里曼的判断是错误的。他逝世后不到3年，这个论断就被推翻了。尽管施里曼判断有误，但他的发现却是无与伦比的。施里曼以后还主持了几次对特洛伊的挖掘，但直至1890年病逝也不知道自己发现的是另一种完全不为人所知的、比荷马所说的特洛伊还要古老得多的文明。

继施里曼之后，德国考古学家威廉·德普费尔德主持了特洛伊的考古发掘工作。他在施里曼发掘的基础上，对地层的分期进行补充和完善，并在1902年出版了专著《特洛伊与伊里翁》。他在书中提出了对希萨利克山丘居民点的分期方法，认为该地区在历史上存在9个连续的居民点，这些

学生必知的古希腊文明

居民点一层又一层相叠，形成9个地层。前5个居民点（特洛伊□—□），存在于公元前3000年代和公元前2000年代的前半期，其中特洛伊□就是施里曼认为是《荷马史诗》中提到的特洛伊所在的地层。特洛伊□—□属于迈锡尼时代，其中特洛伊□的存在时间与《荷马史诗》中的特洛伊相似，它才是被希腊人焚毁的特洛伊。特洛伊□—□属于早期希腊时代，保存有很多希腊时代的遗物。德普费尔德的分期方法基本得到学术界认可。

20世纪30年代，英国考古学家布列经研究后进一步指出，真正的特洛伊战争遗址也不在第六文化层，而在第七文化层，因为导致第六文化层城堡毁灭的原因是地震而不是战争。

1932—1938年，美国考古学家卡尔·布勒根率领的一支考古勘察队利用当时最先进的考古手段，再次对希萨利克山进行了一次大规模、细致的考古发掘。布勒根认为，特洛伊□，确切地说这个遗址的第一小层，即特洛伊□才是荷马所说的特洛伊。这一层存在时间为公元前12世纪，毁灭的原因也恰好是火灾，种种考古结果与《荷马史诗》的描述相吻合，普里阿摩斯和他的儿子们的真正家园在这里。只是其规模没有史诗中描述的那样宏伟。

希萨利克山下尘封已久的历史在考古学家100多年的努力下重见天日了，它向人们展示了数千年前的繁荣和衰落。特洛伊无疑是远古时代的一个强国，它雄踞于海峡之上，俯视着欧亚之间的贸易通道。特洛伊因此而繁荣富强，也因此极易卷入战争并受到攻击。这种类型的冲突可能为数世纪的人所记忆，代代相传，从而给荷马的传奇故事增添了更多的渲染力量。千古传诵的《荷马史诗》在考古发掘下再次显示了它非凡的魅力。当然，特洛伊的传奇与施里曼的名字是分不开的，正是这个醉心于《荷马史诗》的传奇人物，为我们找到了湮没于几千年尘土之下的、充满神话传奇色彩的城市——特洛伊。

特洛伊考古不仅仅是一个永恒的传奇，它也开启了一个新的考古时代；接踵而来的迈锡尼考古发掘和克里特考古发掘，使爱琴文明的光辉重现人间，欧洲的文明史也因此整整提早了1 000年。

考古再现　迈锡尼文明

　　伯罗奔尼撒半岛上的亚哥里斯平原干旱贫瘠，人们很难把它与《荷马史诗》中所描述的"多金的"迈锡尼联系在一起。伫立平原之上，极目远眺，隐约可见群山环抱的高丘之上气势恢宏的城堡遗址。正是在这个沉寂了数千年的城堡内，德国考古学家施里曼找到了令世界震惊不已的无尽宝藏，向世人展现了"多金的"迈锡尼的真实性。

　　迈锡尼文明是希腊本土第一支较为发达的文明，公元前17世纪中期至公元前12世纪盛极一时。从遗留下来的坚固城堡和丰富的金银宝藏中，人们可以窥见其强盛和富裕。他们曾向外扩张，侵入小亚细亚西南沿海一带，特洛伊战争正是迈锡尼人与特洛伊人争夺海上霸权的一场交锋。迈锡尼虽然取得了特洛伊战争的胜利，但不久便被南下的强悍民族多利亚人所征服，从此迈锡尼文明急剧衰亡，希腊倒退到没有文字记载的史前社会时期。迈锡尼文明也逐渐被人们淡忘，唯有留存下来的废墟孤独地立于夕阳余晖下，默忆着那曾经有过的辉煌……

　　施里曼在成功发掘特洛伊后，把目光转向了《荷马史诗》中描绘的那个"多金的"国度——迈锡尼。在《伊利亚特》和《奥德赛》中，荷马多次提到"人间之王"阿伽门农的首都迈锡尼，而且每次提及这一城市，都要加上"多金的"这一词来形容它。在荷马的笔下，迈锡尼似乎是一座黄金遍地的城市。

　　在施里曼到来之前，许多人曾前来此地调查发掘，但一无所获。施里曼却对荷马的描述确信无疑。1876年，他来到迈锡尼，决心找到阿伽门农的坟墓，再次向世人证实《荷马史诗》中所叙述的特洛伊战争的真实性。

与发掘特洛伊不同，迈锡尼的遗址很明显，它那雄伟的防卫城墙的残迹从很远的地方就能看到。它建筑在一个高丘上，守护在城堡门口的是一对已经无头但仍然威武的石刻雄狮。两只狮子顶着的是一条柱子的石板雕，被认为是皇族权势的象征。因此，迈锡尼城堡的大门得一美名——"狮子门"。据考古证明，它建于公元前1300年左右。它的门两侧的城墙向外突出，形成一条过道，加强了城门的防御性。"狮子门"宽3.5米，高4米，门柱用整块石头制成；柱子上有一块横梁，重20吨，中间厚两边薄，形成一个弧形，巧妙地减轻了横梁的承重力。横梁上面装饰有三角形的石板，石板上雕着两只狮子，狮的前爪搭在祭台上，形成双狮拱卫之状，威风凛凛地向下俯视着。

门口的阶梯也用整块的岩石铺成，上面还残留有战争的轮辙。虽然迈锡尼城堡已成废墟，但这个庄严肃穆的城门，历经3 000年的风吹雨打依然巍然屹立，威风不减当年。

许多世纪以来，人们一直以为阿伽门农的坟墓在著名的"阿特柔斯宝库"。相传"阿特柔斯宝库"是阿伽门农和他父亲阿特柔斯埋藏财宝的地方，它位于距狮子门西南约500米的一个山谷中，一条长达35米的壮观的石头长廊通向这座传奇式坟墓的入口。长廊用石块精工垒砌，犹如两堵石墙。走廊的尽头是一个由巨石砌成的门，门的结构同狮子门相似，上面为三角形，下面为长方形，之间用重约100吨的巨石横梁隔开，这块巨石长8米，宽5米，高1.2米，比狮子门的横梁还重80吨。整个石门棱角分明整齐，令人赞叹。

阿特柔斯宝库是在迈锡尼遗址发现的最大的一座圆顶墓，雄伟华丽，但早就被盗掘一空。1876年11月，施里曼招募了一批工人，在一位名叫斯塔马塔克斯的希腊考古协会会员的监督下，从狮子门附近开始发掘。不久,在距离狮子门约12米远的地方,显露出一个由竖立的石板圈成的大圆圈,直径约有30米,圆圈内的土地早就夷为平地。圈地的出现使施里曼大为振奋,他相信这块圈地中一定大有文章。果然,发现一个紧接一个。先是在圈地内掘出了几块直立的石板,石板上雕刻的驾驶战车的勇士图像清晰可见。接下来的挖掘非常小心。突然索菲亚弯腰从泥土中捡起一件小东西,原来是一个闪光的金耳环,迈锡尼的黄金标记终于出现了。跟以前在特洛伊一样,施里曼马上辞退了工人,剩下的工作由他们夫妻俩和斯塔马塔克斯来进行。经过几个星期的辛苦工作,终于,五座坟墓出现在他的面前,施里曼欣喜万分。

这是一些长方形的坑墓,考古学上称为竖井墓,其大小深度各不相同。有的深约1米—5米,有的深约3米—6米,而且由于坑墓在荒坡的斜面上,所以坑墓的两头有高低。坑墓中共有17具尸体(12个男人,3个女人和2个小孩),每个坑墓有两名以上的死者。大多数的尸身严密地覆盖着黄金制品:男人脸上罩着金面具,胸部压着金片;女人则戴着金制额饰,有一个还戴着豪华的金冠;两个小孩也用金叶裹住全身。死者的身边,有各种金杯、刀剑、金制饰物和其他贵重材料制作的器物。这些东西设计巧妙,工艺精湛,样式繁多,令人叹为观止。

施里曼凝视着发掘出来的物品,脑海里闪现着荷马的诗句,仿佛看到了《荷马史诗》中的那个世界:一把镶嵌黄金的青铜匕首上,描绘出一头受伤的野兽扑向一群拿着8字形盾牌的猎手;在一枚金质印章指环上,则描绘了一幅战斗的场面,其中的士兵正拿着这种可以遮挡全身的巨大盾牌。《荷马史诗》中特洛伊勇士赫克托耳不正是拿着这样的盾牌吗?类似这样的盾牌在《荷马史诗》中出现过多次,终于在这里找到了佐证。第四号墓穴中出土的一只鸽子杯,也同样令施里曼想起了荷马的诗句。

施里曼观点最有力的证据是这个坑墓中出土的戴着野猪獠牙头盔的泥塑武士像和64颗经过精细磨光的野猪牙。这些野猪牙的背部切割得相当平

整，且有两个钻孔，显然，钻孔是用以将野猪牙与别的什么东西拴扎在一起的。而在《伊利亚特》中，奥德赛去侦察特洛伊人营寨时，头上戴的就是这顶野猪牙头盔。

所有这一切，就连那些对《荷马史诗》持最怀疑态度的人都无法加以否定。施里曼此时自然对荷马的描述更加深信不疑，当他打开第五号墓穴时，他热切希望找到的东西呈现在他面前：墓穴里躺着三具男尸，身旁摆放着镶金嵌银的武器，胸前覆盖着黄金铠甲，脸上罩着金面具。第一具和第二具男尸揭开金面具时，发现头盖骨已经破碎了，但第三个金面具被揭开时，一张面部肌肉保存完好的男子脸孔出现在施里曼眼前。

这张脸由于黄金面具的重压，呈扁圆形，口张得很大，露出32颗牙齿。经鉴定，死者死去时年龄还不到35岁，这不正与阿伽门农死亡之时的年龄相符合吗？欣喜若狂的施里曼当天晚上就给希腊国王发了一封电报："我凝视着阿伽门农的脸，许久许久！"这个消息震惊了文明世界，学者们半信半疑，而施里曼则深信自己找到了荷马的世界。

阿伽门农的坟墓找到了，阿伽门农的王宫又在哪里呢？这位生性浪漫执着的德国人马上动手寻找阿伽门农的王宫。根据迈锡尼城堡依山而建的情形，施里曼认为山冈的最高处可能是王宫的遗址。果然不出所料，迈锡尼王宫正是位于这个山冈上。

有两条通道通向王宫：一条是从城堡西北通过狮子门，顺着石头铺成的大道向上；另一条则是从南面沿着一个大阶梯向上。这个宽阔的阶梯还保存有22级阶梯，依稀可见当年风采。阶梯一直通往王宫前院，在前院与王宫的主要庭院之间有一座大门。王宫庭院的墙壁和地板都涂上了彩色颜料，这里的壁画和地板保存得不好，但仍能依稀看到由红、黄、蓝色的线条构成的图案。王宫的大厅很宽敞，占地150多平方米，现在只剩下一座石头平台和支撑屋顶的四根柱基。根据《荷马史诗》的描述，这些柱基之间原来建有可用来冬天生火取暖的炉床，而炉床对面不远处，放着国王的宝座。可以想象当年国王们曾惬意地坐在宝座上，享受着这里的融融暖意。

施里曼对坟墓和王宫遗址的成功发掘，使世人看到了一个湮没已久的辉煌的文明，证实了《荷马史诗》中多金的迈锡尼的存在。但如同在特洛伊发掘时所犯的错误一样，过分迷信《荷马史诗》使他对迈锡尼考古作出了错误的结论。早在他去世之前，就出现了与他判断相抵触的情况。

1877—1878年斯塔马塔克斯主持迈锡尼发掘工作时，在距施里曼发现的五个坑墓不远处发现了第六个坑墓，墓中掩埋着两具尸体，还有一些精致的随葬品。这对施里曼的结论来说是一个强有力的否定证据，施里曼本人无法解释这个坟墓，陷入困惑之中。后来的研究表明，他发现的所谓的阿伽门农的坟墓是迈锡尼早期的墓葬形式即竖井墓，年代约在公元前16世纪。而传说中的阿伽门农即使真有其人，也是公元前13世纪时的人物。他所看到的显然不是阿伽门农本人，而是比他早三四百年的迈锡尼时代的王公贵族。

尽管施里曼的判断是错误的，但他的探索却为他的后继者找到正确的方向打下了必要的基础。1886—1902年，在希腊考古学会努力下，迈锡尼的城墙、王宫、圆顶墓和防卫墙内建筑物的各种情况基本弄清。1939年起，由希腊考古学家帕巴德米特里领导的希腊考古学会和英国考古学家韦思领导的考古队共同对迈锡尼遗址进行发掘，发掘工作断断续续进行了几十年，奇迹还在不断出现，人们对迈锡尼文明的了解也更加深入、全面。

1951年10月，帕巴德米特里在修复所谓的克丽滕涅斯特拉墓时，偶然发现了一块石板的断片，这块石板断片与城堡内坑墓周围树立的石板非常相似，他马上派人在附近挖掘，又发现了一个新的墓区。这些坟墓比施里曼发现的要简陋一些，但埋葬仪式、随葬品及装饰品相类似，年代也约在公元前16世纪—公元前15世纪。

新墓区和老墓区既然属同一时代和同一墓葬形式，那为什么一个在城堡外，一个在城堡内？帕巴德米特里经过详细研究后认为，迈锡尼王公贵族的坟墓本来是埋葬在城堡外的，以后随坟墓的增多，才扩大到城堡内的。显然，帕巴德米特里也跟施里曼一样，热衷于用《荷马史诗》中的描述与考古发现进行对比。

1952年，韦思教授发现了许多普通居民的坟墓，发掘出很多的工具和日常用品。另外，他对城堡外的一些房屋废墟进行了发掘，在一幢橄榄油商人的房屋的地下室里，发现了38块刻有线形文字B的泥板。这些泥板似乎是一些账目和清单，其中一块泥板上还绘有一幅素描，画的是一位身穿褶叠裙的男子正站立远眺。韦思教授说："我们找到了清清楚楚的文字证据。"毫无疑问，迈锡尼市民普遍都能阅读和写字，文字的使用不局限于国王、官员、教士和税吏。线形文字B的发现，给传奇性的迈锡尼考古又增添了新的魅力。线形文字B如今已释读成功，使我们对迈锡尼社会的奴隶制度和高度发达的社会经济有了进一步的了解。迈锡尼考古的进行，使荷马的优美的诗句又一次回响在迈锡尼的废墟中。埋没已久的迈锡尼文明在一代又一代考古学家的努力下，向人们展现了辉煌灿烂的面目。多金的迈锡尼成了考古史上继特洛伊之后的又一个传奇。

神话变现实　米诺斯之谜

　　克里特岛总面积为8 336平方公里。英国人亚瑟·约翰·伊文思花了5年时间，反复勘察、考证，判定在该岛首府伊腊克林以南7公里的克诺索斯地下埋藏着一座古城，它极有可能就是曾盛极一时的克诺索斯王宫。

　　1900年3月，伊文思与忠实的助手霍加斯一起，招募了一批工人，在凯夫拉山麓打下第一口井穴，拉开了发掘米诺斯文明的序幕。

　　伊文思并非一位经验丰富的发掘者，但他得到了苏格兰考古学家邓肯·迈肯奇的帮助。伊文思陆续雇用了50至180个工人，为发掘作了周密的准备。伊文思虽然对克里特的发掘前景乐观，但他仍未预想到成功来得如此之快。

　　克里特也真的没有让他失望。第一天他就挖到了建筑物的墙和一些艺术品；第二天，发现了一堵有壁画的墙和画有图案的石膏作品，它们虽已褪色，但仍可辨认。废墟似乎埋得很浅，几乎每挖一锄都会挖出几件古物，不几天，掘出的文物就堆积如山。3月23日，发掘仅一周，他已发现了一种烧制过的黏土条，形状很像是石凿，虽说一端已经破碎，但上面带有文字，看上去像是些数字，同时还出土数以百计的泥板。泥板上刻着两种由直线构成的未知文字，伊文思称之为"线形文字A"和"线形文字B"，其中"线形文字B"曾在迈锡尼考古发掘中发现过。伊文思清楚地意识到，这里存在着一个不为人知的古老的文明，他在书中写道："这是一种异乎寻常的现象，不像古希腊，也不像古罗马……也许，它的全盛时期可以追溯到迈锡尼时期之前。"伊文思确信,这个地方就是"前迈锡尼时期"的一处王宫,是一个清晰可辨的早期文明——克里特文明的故乡。他已为这个文明起好了名字,即"米诺斯"文明。

又一组壁画出土了,上面有真人大小的图画,画的是一个优雅、黑发的人像,还缠着白色条纹的腰布。伊文思曾见过类似的图画,那是在埃及。在那里,法老统治期间的壁画上绘着一些人物,穿的就是这种类型的衣服,他们极具才华,埃及人把他们叫作"岛人"。伊文思确信,"岛人"与克诺索斯王宫的建造者是一回事,他把他称为"百合王子",并对这个浮雕壁画进行了重塑。

伊文思的选点非常准确,仅仅过了一月,掩埋在地下达3 000年之久的克诺索斯王宫就逐渐露出了它的真实面目。

开掘了一个月,伊文思和他的工人发现,这些遗址并非是孤立的建筑物。它们是一个庞大建筑物的组成部分,是后来考古学家所称的"宫殿群"。头3个月,在宫殿群的遗址上,伊文思发掘了8 000多平方米;最后,他发掘了24 000多平方米以上,共计1 400多个房间。有各种层次的住房、庭院、通道、楼梯、地窖和阳台。这样的宫殿群的确像一座迷宫,稍不留神,就会迷路。伊文思断定,这一定是迷宫传奇的出处。他甚至相信,他找到了王宫的正殿。遗址西面装饰精美的正厅里,靠墙放着长长的石凳,有一张石椅比其他的要高。伊文思向全世界宣布了他的重大发现。之后,他为当地人取了个名字——米诺斯人,因为当地国王的名字叫米诺斯。

伊文思的宣布引起强烈反响。英国伦敦的《泰晤士报》这样报道:"克诺索斯的发掘,在重要性上若不能说是超过,也至少不逊色于施里曼的发现。"考古学家们意识到,伊文思的发现不仅仅是一座废墟,而且是一个全新的文明;于是,他们从许多大学和博物馆匆匆赶到克里特岛并立刻着手工作;凡是与传奇故事有关的每个地方,每一个小丘,他们都不放过,统统掘开。顿时,整个小岛沸腾起来,处处可见考古学家,处处可见发掘的人们，就像一座无人问津的花园一下来了无数的鼹鼠——大大小小、密密麻麻！

克诺索斯的发掘，在伊文思的率领下，仍在持续。1901年，他又发现了大型中央庭院一侧的楼梯间更多的壁画，上面绘有虔诚的宗教礼仪和民间生活情景；还有一块游戏板，由象牙、银、金、水晶石嵌合而成，此游戏板揭示了古米诺斯人也玩游戏，测测技艺与运气。伊文思后来把这个游戏板说成是克诺索斯遗址上所发现的考古学上最有价值的单件工艺品。

1905年，发掘工作基本结束，伊文思开始系统研究出土的文物，包括富丽的壁画、雅致的石瓶和装饰精美的陶器。1906年，伊文思在遗址附近修建了自己的住房。这样，他可以住得舒适一些；拜访他的贵客也好过一些，又不会影响工作进行。1911年，他因在考古学上的重大贡献而获得爵士爵位。在1922年至1930年间，他还做了一件颇有争议的事。伊文思对米诺斯文明的遗迹不仅仅做发掘和研究，还想恢复它原来的模样，尽可能接近原型。他雇用了能工巧匠用鲜艳的色彩在褪色破旧的壁画上重新描绘；他用铁梁和混凝土把摇摇欲坠的楼梯间支撑起来；他重修一些房间，包括中央庭院、国王的房间、王室成员的居室，以及用石柱装饰的双斧大厅。根据他自己的设想，尽可能让它们显得富丽堂皇，这样，克诺索斯在伊文思眼里真是魅力无穷了！他生动地描绘出在皎洁的月光下，凝视着复修后十分漂亮的楼梯间的他，遐想他心爱的人儿从壁画中走出来。他深情地写道："整个大地顿时苏醒过来。戴着装饰百合花王冠的国王，腰带紧系，身着荷叶边紧身长裙的高贵仕女，系着长长圣带的祭司，以及紧随在他们身后的高雅且容光焕发的年轻随从——一行人缓缓从壁画中飘逸而出，一个，一个，又一个………"

伊文思"复原"后的克诺索斯遗址是多么令人神往！一些评论家称之为"混凝土克里特岛"，真有点使人又悲又喜！悲的是：正如今天考古学家所认识到的，他的复原工程简直是错误的；依今天考古学家之见，伊文思若不试图修复它，它会显得更好些。喜的是：成千上万的人来这里参观旅游，陶醉在修复后的克诺索斯王宫里，惊叹其通气良好的居室，典雅的梁柱和栩栩如生的壁画。伊文思的复原工程激起了人们对米诺斯人的强烈兴趣与敬慕。就像施里曼对特洛伊护城河的复原一样，伊文思对克诺索斯的复原已成为该遗址历史的一部分，成了始于数千年前的系列故事的现代篇。

伊文思在克诺索斯艰辛地工作了30年，赢得了全世界人的敬重。1921—1936年间，伊文思出版了《米诺斯的宫殿》一书。他在书中十分清楚地阐述了自己关于米诺斯文明的看法，总结了他在克诺索斯的数十年研究，从1921年至1935年分四卷出版。虽然他的部分结论现在看来并不正确，而且，更多重要的发现是近几年获得的，但是伊文思的工作仍然是米诺斯研究的基础。

伊文思意识到，在这座王宫建造之前很久，克诺索斯就已有人居住。他把最早有人定居的时间追溯到公元前8000年，但新近的研究表明：克诺索斯最古老的居住史也只能追溯到公元前6000年。被认为是米诺斯时期的文化，大约是在公元前2500年出现的。在此期间，克里特岛人可能住在小村落里，随着时间的推移，他们的社会变得更为集中，人们开始聚集到比较大的，比较有组织的社区。克诺索斯，这个坐落在宽阔低洼地带中部，有着丰富水源和肥沃良田的地方，是理想的居住之所。大约在公元前1900年，米诺斯社会已经进入了考古学家们所说的"古殿时期"。在此期间，他们在克诺索斯建造了大型宫殿；在马里亚和菲斯托斯两地，也发现遗址，不过晚于伊文思的发掘时间。"古殿时期"一直持续到大约公元前1700年；当时一场大地震将这些宫殿摧毁，后来，米诺斯人重建了宫殿，进入"新殿时期"。"新殿时期"从公元前1700年持续到公元前1470年。当时的米诺斯文明，在经济和艺术方面，都达到顶峰。在"新殿时期"，米诺斯人建造了第四座宫殿，那是位于热克罗斯，在克里特岛的东南岸上。

　　各宫室、廊道上有众多的壁画，由于作画颜料都是从植物、矿物和骨螺中提炼的，而且是在泥壁未干时作画，色彩渗入墙壁，所以色彩鲜艳如初。在所有的壁画中至少有两幅格外引人注目：其一，觐见室的壁画是三只怪兽的头、身、尾，分别代表天上、地面、地下的神灵，是克里特人顶礼膜拜的图腾；其二，西宫北墙上有一幅《斗牛》图，画面上的黄牛正向前方猛冲，一英俊少年挡在牛前，用力按住牛角，牛身后还有一名少年，少年双脚离地，双手扬起，将一名红衣少女弹向空中，而少女则稳稳地倒立在牛背之上……

　　在漫长岁月里，这些宫殿逐渐变得庞大起来。这是因为不断有新的通道、房屋和楼梯间出现在外围区域。这些寓所可能还是够拥挤的，但卫生状况好得惊人。米诺斯人在古代就已拥有用水的管道了。克诺索斯有沐浴池、有水管引进的干净水，至少有一个卫生间。学者们用"宫殿群"来描述克诺索斯和其他米诺斯中心，因为王室也只能构成总体建筑的一小部分。

　　米诺斯影响远远超出了克里特岛。米诺斯人擅长航海，且拥有高效率的船队。"新殿时期"的船只长达30.48米，有船员50人，横渡地中海是轻而易举的事。米诺斯的经济主要依靠贸易，米诺斯工艺品，如印石，在整个地中海东部地区都有所发现。

　　米诺斯人的宗教，像其政府一样，也是值得推敲的主要问题。伊文思和后来的考古学家认为，许多塑像和壁画表现的是女神或女祭司。今天的考古学家相信，米诺斯人心中的上帝就是女神；女人在米诺斯的宗教礼仪上应扮演着重要角色。事实上，伊文思认为在王室正殿的厅室，崇拜女神的地方，都被看成是圣堂。

　　米诺斯文化艺术所描绘的女祭司或女神，常常手握毒蛇或双叶斧。这种双叶斧，在米诺斯艺术作品中每每可以见到，可能与动物祭祀有关。有一组壁画是把一头公牛祭献给神灵。伊文思出土了几十种公牛祭祀的图画和物品。有牛头形状的酒杯，公牛壁画和塑像，牛角装饰的大门和坛罐，最动人心弦的是米诺斯男女所表演的极其危险的绝技：在猛冲过来的牛角之间跳跃和在牛背上翻筋斗。

伊文思有关米诺斯人的发现，除了使学术界震惊，也在公众中引起一阵轰动。米诺斯人的最令人着迷的是他们的艺术品，这些充满生气的大自然中精灵的形象，看上去更加人性化；至少比其他古文化，比如亚述和巴比伦文化中那些僵硬、呆板、描绘着狰狞面孔的作品，更具现代情趣，米诺斯人把他们自己描绘成一个友善、文雅的民族，酷爱大自然，喜欢运动，他们看上去还有点时髦，无论男女都把长长的黑发卷盘在脑后，男人佩带缠腰布；女人口唇着红，身穿荷叶边长裙，紧身衣，袒胸露怀。一句话，米诺斯人似乎是一个精神饱满，有文化教养，热爱和平的民族。20世纪上半叶，克里特岛上的米诺斯以它充满田园诗气息的、正值金色年华的宝岛之国形象再次浮现在世人眼前。克诺索斯的考古就出现了上述情况。

伊文思将全部财产献给了他所热爱的考古事业，他在发掘现场建造了一座宏大的克诺索斯王宫博物院（在原址基础上整理修复），供世人参观。

伊文思使一个比希腊文明还要古老的文明——米诺斯文明在地下沉睡了3000多年后重见天日。

解线形文字　破文明之谜

爱琴神话传说，是以宙斯诞生于克里特岛的伊达山一个山洞为起始的。几千年来，克里特岛一直笼罩在神话传说的神秘面纱之下。1900年，英国考古学家伊文思在这里发掘出了米诺斯的王宫，一个古老的文明伴随着新世纪的到来展现在世人面前。从此，神话不再是神话，传说也不再是传说。克诺索斯王宫重见天日，全世界为之震惊。直至今天，宙斯的出生地犹如铁板上钉钉，丝毫未曾挪移。各种民间传说与故事，众口一词将宙斯与伊达山的那个山洞联系起来。

1896年，伊文思曾亲临那个神秘的山洞——狄克梯安洞，一探究竟。然而刚进山洞，就被坠落的岩石阻止，未能深入洞穴。1900年5月，在发掘出王宫的胜利鼓舞下，伊文思的助手霍加斯对神话传说中的宙斯出生地——伊达山的狄克梯安洞进行了发掘。霍加斯用炸药炸开洞口，发现狄克梯安洞是一组套叠的溶洞。霍加斯在洞中找到了众多的祭品，其中最引人注目的是一柄双面斧——宙斯的象征。所有的祭品证实，狄克梯安洞正是湮没了数千年的宙斯圣殿。霍加斯激动万分，他说："在世界上所有的神圣洞穴中，狄克梯安洞无与伦比！"

根据这些古物形制来看，年代持续相当久远。最早的器物年代可达4 000多年前，最晚的也有2 000多年前。看来在这些古代的虔诚朝拜者之后，约有2 000多年的时间，"古典"希腊和罗马时期以后的朝拜者都未能深入到洞穴深处。顶多在洞穴的神圣殿堂处加以顶礼膜拜。

学生必知的古希腊文明

众神之王的宙斯，在2 000多年时间里，完好地隐藏住了自己诞生处的这个隐秘。至于为什么，到今天仍然是个谜。有关宙斯与米诺斯人的关系，霍加斯给出了自己的看法。

首先是"人神交通"。宙斯与米诺斯对话交谈，在此显现出世界神话中的一个普遍原则，即人神交通。

试想，宙斯是神，为万物的主宰。他的旨意如何传达到民众？如不能把他的旨意传达给民众，那民众如何遵从他的意愿？这就需要一位能上达天声，下传民意，成为民众之中地位崇高、富于权威的人物。米诺斯就是这样一个人物。伊文思等人的考古发掘，证实了米诺斯身兼祭司和国王双重身份的艰巨任务。

其次是"君权神授"。米诺斯是宙斯的儿子，本身就带有神性，他为一国之君是上天神主授予的，因而自有其不可动摇和替代的权威性。

再就是宙斯是远古克里特人崇拜敬奉的神，他起着威慑和庇护克里特人的作用，他的出生地也使得信众们敬畏和感到神秘。

狄克梯安洞的考古发掘，使我们相信，爱琴神话并非都是空穴来风，克里特岛上的那种神秘悠远的气息的确存在于人们的感觉之中。然而爱琴世界最激动人心的创造既不在于宏伟、华丽的宫殿与坟墓，不在于无数华贵的金银器皿和奇珍异宝，也不在于那一幅幅栩栩如生的壁画，而在于那神秘的文字。它是爱琴世界脱离野蛮进入高度发达的文明的佐证，也是爱琴人储藏其文明深层奥秘的密码。幸运的是我们找到了这些密码。

在克诺索斯古代宫殿废墟内发现几千件刻有铭文的泥版残片，上面刻有各种奇怪的符号，它们显然属于某种文字形式。后来，人们把它们称为"克里特泥版文字"。经考证，克里特泥版文字的年代，最早可追溯至公元前2000年至公元前650年间。在珐斯托斯宫殿发现的圆盘提供了第一种米诺斯文字的书写形式，那就是动物、鸟类、人物、船只的图案，大概都是用印章印在湿泥上制成的。

年代稍晚的泥版文字，则出现在公元前1750年至公元前1450年间，伊文思称之为"线形文字A"。另外，还有年代不详的另一种线形文字曾取代"线形文字A"，伊文思称之为"线形文字B"。刻有线形文字B的泥版为数甚多，为了解读线形文字B，伊文思为之呕心沥血，花了数十年时间直到他1941年去世，曾提出许多理论和假设，但是，他失败了。

"线形文字A"只在克里特岛的米诺斯遗址中发现，而"线形文字B"除了与米诺斯遗址和遗迹有关，还与迈锡尼遗址和遗迹有关。伊文思与其他学者都认为，"线形文字A"是米诺斯语言的书写形式，而"线形文字B"是迈锡尼语言的书写形式；然而，这两种文体要破译出来还得花更大的努力。

在伊文思逝世前5年，即1936年，那时他已84岁高龄，伊文思出席了在伦敦召开以"久被遗忘的古代克里特文明及其神秘的文字体系"为主题的一个学术会议。在与会者当中，有一名年仅14岁的男孩，对古代语言文字抱有极其浓厚的兴趣。当伊文思讲到他36年前在克诺索斯王宫发现的泥板文字仍束之高阁无人能够解读时，这个男孩对克里特线形文字发生了浓厚的兴趣，他一边听讲学术报告，一边暗自发誓：一定要揭开克里特线形文字之谜。这个男孩就是迈克尔·文特里斯。

文特里斯开始与学者通信，向他们请教。经过多年的奋斗，潜心钻研，于1952年，文特里斯提出了"线形文字B"的破译方法，震惊了学术界，终于在前人失败的地方获得成功。文特里斯的成就，不仅在于破译线形文字B，而且无可辩驳地证明了这种文字是希腊大陆迈锡尼居民所使用的书写体系，这些居民就是使用印欧语族语言的希腊人，他们生活的年代即是《荷马史诗》英雄所属的年代，即公元前15世纪到公元前12世纪。在获得这个结论之前，他曾历尽艰辛，仔细研究大批仿佛微不足道而且看似互相矛盾的出土证据。正如文特里斯的朋友和同事查德威克说："文特里斯善于从古文字符号令人迷惑的各种形式中看出一个基本模式，并准确

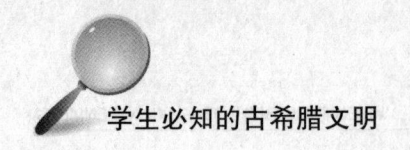

地辨认出其中恒常的要素，从而揭示所有符号背后的隐秘结构。总而言之，他的天赋即在于能够从表面的混乱中发现秩序。"

伊文思以后的学者们认为，"线形文字A"和"线形文字B"是全新的语言。但迈克尔却想弄清是否迈锡尼语言是希腊语的初期形式。最终，他发现的确是。他把"线形文字B"的符号与希腊语中的词汇联系起来，证明了这种由"线形文字B"表达的语言是现代希腊语的前身。然而令人叹惜的是，1956年在他意义重大的著作出版前几个星期，年仅34岁的文特里斯这位天才的学者惨遭车祸，不幸去世。

文特里斯虽然自幼便立志攻克克里特线形文字，但成年后并不是一位考古学家，也不是一位语言学家，而是一位建筑师。但是他有着卓越的语言研究天赋，而且也一直利用业余时间在寻找攻克难关的途径，并且最终将"线形文字B"的秘密揭开。他的去世，对世界考古学界而言是个悲剧性的损失，人们给以他高度评价，称他为"希腊考古学的顶峰"。

不过，"线形文字A"到底代表什么意思，还有待于破译。语言学家和密码解析专家试用了迄今为止的每一种解码方法（包括高级的电脑解码程序），但仍未成功。这种米诺斯语言仍是一个谜。如果学者们能成功破译"线形文字A"，许多遗留的有关米诺斯人的问题则可望得到解答。

然而，米诺斯文明是如何毁灭的呢？

3 000多年前在地中海上曾经盛极一时的克里特文明最后突然神秘消失，这是古代史上最长久的不解之谜，也是困扰考古学界多年的难解之谜。对此存在多种猜测，有人认为它被来自小亚细亚的蛮族摧毁，有人认为是与希腊城邦交战的结果，还有人认为可能是遭遇了大地震。据《泰晤士报》报道，丹麦科学家在爱琴海的锡拉岛发掘出一块小小的橄榄枝，盛极一时的克里特文明究竟是在什么时候，又是为何突然从地球上消失的？这块橄榄枝是爱琴海的锡拉岛——即现在的桑托林岛上发生的一次灾难性的火山爆发中被埋在地下的。通过对它的研究，科学家相信他们能够测算出这棵橄榄树的确切死亡时间。弄清楚锡拉岛火山喷发的确切时间非常重要，因为这次爆发威力是如此强大，几乎可以肯定，以克里特岛为中心的克里特文明就毁在它的魔爪之下。

克里特岛距离锡拉岛只有96.56公里，弗里德里希认为，大约3600年前，锡拉岛上一座火山突然猛烈喷发，其喷出的烟柱上升到高空，数千吨火山灰甚至随风飘散到格陵兰岛、中国和北美洲。火山喷发还引发了大海啸，高达12米的巨浪席卷了克里特岛，摧毁了沿海的港口和渔村。而且，火山灰长期飘浮在空中，造成一种类似核大战之后的"核冬天"效应，造成这一地区在以后的几年时间里作物连续歉收。克里特文明可能因此遭受了毁灭性打击，迅速走向衰亡。

事实上，早在1967年，美国考古学家便在桑托林岛的60米厚的火山灰下，挖出一座古代商业城市。经考证，这座城市是在公元前1500年前后，火山大爆发时被火山灰所埋葬。那可能是人类历史上最猛烈的一次火山大爆发，喷出的火山灰渣占地面积广，达62.5平方公里，岛上的城市几乎在一瞬间就被埋在厚厚的火山灰下，并波及地中海沿岸及岛屿。据记载，当时埃及的上空曾出现3天漆黑一片的情景，除此之外，火山爆发引起巨大海啸，浪头高达50米，滔天巨浪，滚滚南下，摧毁了克里特岛上的城市、村庄，米诺斯王国也随之化为乌有。

爱琴海的传说充满了浪漫与悲剧色彩，意味深长。它像一条纽带，把周围的陆地和海岛联结在一起；它像一个熔炉，把上下千年的历史化为优美的诗句；它更像一座大桥，把昨天与今天贯穿起来。

学生必知的古希腊文明

希腊城邦　自由民主根基

当希腊人开始从黑暗时代苏醒之后，以氏族制度为基础的原始公社组织开始让位给新型的政治单位——城邦。它是古典文明的细胞，甚至当较大的政治组织凌驾其上时，城邦仍是社会、经济和政治活动的媒介。这种新型的政治组织最早诞生于小亚细亚的希腊移民中间，目的是为了抵御弗里吉亚人，吕底亚人的威胁。城邦一词源于"卫城"，卫城指不设防的乡村相对应的设防的居民点。起初，卫城一般修筑在易于防守的台地上，因其地势较高，即可修筑防御设施，为集体遭遇危险时提供避难之所，又可设立供奉诸神的庙宇，成为人们公共活动的中心。在中心城市周围都是田地和大小村庄，一直延伸到山地。于是城邦及周围一片地区就变成经济、政治、宗教和文化中心。在《荷马史诗》中，城邦指一种血缘集团，它有时筑起堡垒，是代表某个人的家乡，但它没有任何政治意义。只是从公元前8世纪开始，它才具有政治意义，成为一种特殊形式的国家组织，也是古典时代唯一的国家组织形式。

城邦这个概念以及从它之中衍生出来的另一些概念，构成了希腊城邦政治生活中最重要的东西。这些派生概念包括：公民、政治生活或宪法、公民团体或政府、治理城邦者或政治家以及治理城邦的技巧或政治学等等。这些概念对于古代东方专制主义国家来说，是完全陌生的东西；然而对于希腊城邦社会来说，却是须臾并不可缺少的。城邦时代的希腊人对公共生活的关注程度是任何一个其他民族都无法相比的，它甚至超过了现代社会中的人们对政治生活的参与意识。

城邦的出现取决于希腊的实际地理情况。希腊半岛像小亚细亚一样，地理上的特征为连绵不绝的山脉和回缓弯曲的海岸线，是一个崎岖不平地区，因此散居各处的诸部落被撕裂成一个个小块的自然社区。这些自然社区有助于形成天然的政治单位，逐渐以卫城为中心形成了独立发展的政治共同体。从形式上看，城邦最引人注目的特征，是它的小国寡民的规模。典型的城邦是以一个城市或城堡为中心，由包括附近数公里以内的若干村落组成，与其他城邦之间往往有山、河、海洋为自然边界。在中心城市可以看到供奉重要神祇的庙宇、设有法庭的简陋建筑物以及可以作为集市和用来举行政治集会的广场。它们往往都很小，其中面积最大的斯巴达，全盛时期的雅典城邦，人口也不过四五十万。

从本质上看，城邦的特征是主权在民与直接民主，亦即城邦的主权是属于有公民权的人。公民大会在各城邦都是最重要的权力机构，城邦的一切重大问题必须由公民集体决定。古希腊城邦的政体多种多样，有民主制、贵族制、君主制和僭主制。这些都是奴隶主阶级专政的不同形式。各城邦政治制度的区别主要在于公民范围的大小，公民参政的广度和深度，政治生活是否活跃以及公民内部集团事实上对城邦的影响力等。由于绝大多数公民实际上都参与公民事物，所以这种团体格外坚强，尤其体现在各城邦公民的爱国主义精神。

城邦对外独立，对内享有完全的自主权。在经济上，它以自给自足为目标；在政治上，城邦之间没有隶属关系，它们都是独立的主权国家。城邦之间常处于你争我夺的状态之中，战争是最常见的解决问题的方法。虽然在历史上不断出现若干城邦结成的联盟，但联盟一般并没有使入盟各邦丧失独立性，相反，各邦的独立和平等一般都是联盟的基础，并且所有的联盟都非常脆弱、松散。城邦本位主义和多中心是古希腊政治上的一个特点。

学生必知的古希腊文明

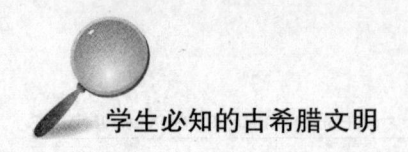

城邦作为公民集体，不像在君主之下统治的国家那样，有一个高于所有臣民之上的最高权威，而是平等者的公社。遇上公民间有纠纷需要调解时，就需要借助于习惯和法律，因此，实行法治是希腊城邦区别于君主国及其他类型国家最重要的标志。

希腊城邦法治的发展是一个长期的过程。在荷马时代，一些长老已作为法官在广场审理案件。那时尚无文字，所谓的法律也只能是一些不成文的习惯。但希腊人历来重视法治，当他们学会使用文字时，他们便开始颁布成文法。

在这方面，殖民地甚至走在希腊本土的前面。现在所知道的最早的两位法学家就是为西部希腊人立法的。斯巴达的来库古、阿哥斯的斐登、雅典的德古拉是希腊大陆的第一批立法家。接着，梭伦为雅典制定了详细的法律。大体说来，公元前7世纪至公元前6世纪是希腊人广泛公布其成文法的时期。到古典时代，希腊许多城邦都公布了成文法。其中雅典颁布的法令最多，举凡雅典国家的大小事情，都在公民大会讨论后通过决议再公布，以让公民周知。

在希腊众多城邦中较为著名的有科林斯地峡上的科林斯、小亚细亚的米利都等，其中最著名的是希腊中部的雅典和伯罗奔尼撒的斯巴达。尽管它们同样建立在奴隶制的经济和政治基础上，但各自代表着两种独特的类型，在许多方面彼此相反。一般而言雅典人是革新者，斯巴达人是保守者；雅典人支持民主政治，斯巴达人支持贵族政治；雅典人富于冒险性，斯巴达人缺少创造性；雅典人温文尔雅，斯巴达人崇尚武力；雅典是全希腊的学校，斯巴达像一座大兵营。

崇尚武力 筑就"人墙之邦"

斯巴达城邦位于伯罗奔尼撒半岛南部的拉哥尼亚。公元前1100年左右，一批由多利亚人组成的希腊部落从希腊半岛北部侵入伯罗奔尼撒，其中的一支进入拉哥尼亚，毁灭了迈锡尼时代的城市文明。公元前800年至公元前730年多利亚人逐渐征服了拉哥尼亚地区并建立了斯巴达。斯巴达由五个村落合并而成。在整个斯巴达的历史上，它一直保持着乡村的面貌。斯巴达人迫使被征服的居民向其纳贡，这些被征服者居住在斯巴达人的周围，称作皮里阿西人（意为周围地区的居民）。后来居住在南部沿海希洛斯城的被征服者不堪斯巴达人的压迫而发动起义。斯巴达人将起义者镇压下去之后，将他们变为奴隶，称之为希洛人。这样斯巴达社会分为3个等级：居统治地位的斯巴达人，城邦中的全权公民，完全靠剥削奴隶劳动生活，最盛时约有9 000户；其次是皮里阿西人即边民，约有3万户为自由民，在本地有自治权，但是没有斯巴达城邦的公民权，主要以务农为生，也有的从事工商业；最底层是希洛人。据专家估计，希洛人与斯巴达公民的人数比例，约为15∶1。希洛人为城邦所共用，不属于斯巴达的个人所有。在希腊各城邦的奴隶中，希洛人的处境最悲惨。人们传说"在斯巴达，自由人是世界上最自由的人，奴隶则是最彻底的奴隶"。有迫害自然有反抗。因此，斯巴达的阶级关系和民族关系很紧张，斯巴达的历史充满了许多大大小小的希洛人起义。为了维持对希洛人的压迫与剥削，镇压希洛人的反抗，斯巴达人需要一支强大的军队。其他城邦的希腊人都认为，斯巴达人具有过多的自我克制、忠贞不渝、英勇献身和遵纪守法的特征。然而，这些品质却有助于使他们在公元前5世纪成为全希腊无可争辩的唯一强国。对于一个把造就武士视为自己主要任务的社会来说，具备这种尚武精神就不足为奇了。但数百年来人们一直在疑问这是如何形成的，又是谁开创了斯巴达这个军事强国。

这一切得归功于一位叫来库古（也称为吕库古）的斯巴达的立法者。据称来库古在他哥哥病故后，他成为斯巴达的两位国王之一。但执政没多久，来库古得知他的嫂子（前王后）怀孕了。8个月后孩子出生，来库古主动让出王位给未来的君主。

他离开斯巴达先游历了克里特岛，仔细地研究了当地的政体形式和律法，之后又游历了西亚。此时斯巴达人一直急切地盼望他回国执政，因为他们已经认识到他才是最有能力治理斯巴达的人。回到斯巴达，来库古计划对政体进行较大的改革，但他深知，他必须得到神的恩准和帮助，于是他前往德尔斐阿波罗神示所求得神示。女祭司在传达神谕时称他是"众神所钟爱的人，不是凡人，而是半人半神的人"。来库古正是凭借这个神谕而受到斯巴达人和国王的尊重，他宣称他是从德尔斐的阿波罗神谕中获得有关改革的基本思想的，从而为改革披上了神圣的光环。神谕就是后人称为《大瑞特拉》的文件（箴言或律法），它主要包括以下几句话：为宙斯和雅典娜建立神庙；要组成新的部落和选区，建立包括两位国王在内的30人的议事会，并按季节召开民众大会；议事会向大会提建议并宣布休会；公民们皆参加大会并有决定之权。实际上从这几句古朴的话衍生出来的改革措施要完备得多，并且让斯巴达的公民铭记在心，发誓永远遵守这些律法。来库古的改革主要集中在三个方面：

组建奴隶主贵族专政的国家

组建奴隶主贵族专政的国家　国家机构由国王、公民大会、长老会议（元老院）和监察官组成。国王有两位，分别由两个家族世袭，平时，主持国家祭祀和处理涉及家族法的案件。战时，一个国王外出领兵作战，权力较大。公民大会由年满30岁的斯巴达男子组成。实际作用不大，对长老会议的提议无权讨论，只有表决权，表决时以呼喊声的高低决定，声高即表示通过。长老会议成员和监察官由公民大会选出，选举方式也是以呼喊声的高低来对候选人表示意见。长老会议是最高权力机关，成员共30人，除去两位国王外，其余28人都是年逾60的贵族。任职终身，如有缺额，仍须从年逾60岁的贵族中补选。一切国家大事先由长老会议讨论决定，然后交公民大会通过。如不能通过，长老会议有权宣布休会。长老会议又是最高司法机关，一切民法案件、刑事案件和国事案件都由它来审理。监察官共有5人，由公民大会一年一选，年满30岁的公民皆可当选。这个制度使得人民有更多的机会参与国家的管理。监察官的职责是执行长老会议和公民大会通过的决议，即实际上的政府。他们的另一项职责是监督国王，审理国王不法行为，监察公民生活和镇压希洛人的反抗。随着行政机构到位，来库古开始进行第二项改革。

社会改革

为消除贫富不均而重新分配土地。按斯巴达公民人数把属于斯巴达的土地划成三万份，城市分成九千份，平等地分给各个家庭享用。传说来库古在巡视重新分配土地时说道，斯巴达对他来说就像一个家庭，所有成员就像兄弟一样和平地分享家产。为了防止斯巴达人内部贫富分化，他又取消了所有的债务并且要求所有的人主动把金银财宝上缴国家。他还颁布法令，斯巴达人不用金银做货币，而用价值低廉的铁币。这个法令一出台就打消了有抢劫、行贿受贿、从事贸易人的想法。这也就一方面杜绝了斯巴达人贪婪奢靡的念头，使其始终能够保持一种艰苦朴素的生活态度；另一方面也使斯巴达社会成为一个与世隔绝的敝陋之所，以其顽固守旧的文化特点与文明开放的雅典城邦形成了鲜明的对照。

组建大兵营

所有斯巴达的男人每15人为一组，称为"菲迪提亚"，自带食物，在公共食堂共同就餐，从而增长了人们之间的友情，又避免了使人成为专注于吃喝享乐的饕餮之徒。由于共同进餐和简单的饮食习惯，财富不再成为引起斯巴达人产生欲望的东西。总之，有组织的娱乐活动、集体进餐、公众事务、军事训练以及执勤、对内镇压、对外侵略等等，几乎构成了每个斯巴达男人生活的全部内容。斯巴达人崇尚武力精神，整个斯巴达社会等于是个管理严格的大军营。

斯巴达的婴儿呱呱落地时，就抱到长老那里接受检查，如果长老认为他不健康，他就被抛到荒山野外的弃婴场去；母亲给新生婴儿洗的第一个澡是用烈酒洗而不是水，如果他抽风或失去知觉，这就证明他体质不结实，任他死去，因为他不可能成长为英勇的武士。

男孩7岁前，由双亲抚养。父母从小就注意培养他们不哭、不挑食、不吵闹、不怕黑暗、不怕孤独的习惯。7岁后的男孩，被编入团队过集体的军事生活。他们要求对首领绝对服从，毫无怨言地进行残酷训练。例如清晨跳入冰冷的河水中，晚上睡在自己亲手编织的、毫无弹性的芦苇垫上，终年不穿鞋，衣着粗朴。他们练习跑步、掷铁饼、拳击、击剑和殴斗等以增强勇气、体力和残忍性。为了训练孩子的服从性和忍耐性，他们每年在节日敬神时都要被皮鞭鞭打一次。他们跪在神殿前，火辣辣的皮鞭如雨点般落下，但不许求饶，不许喊叫。

平时食物很少，但鼓励他们到外面偷食物吃。如果被人发现，回来要挨重打，因为他偷窃的本领不高明。原因是，在战场上食物经常奇缺，所以为了生存，就得强迫战士去强取豪夺。普鲁塔克讲述了一个少年对占有食物的强烈欲望：一次他偷了一只狐狸藏在胸前，狐狸在衣服内用牙和爪撕咬他，为了不被人发现，他不动声色，直至被狐狸咬死。满20岁后，斯巴达男青年正式成为军人。在30岁时，可以结婚，但婚后每日照样出操、野营、公餐。60岁时退伍，仍是预备军人。

斯巴达女孩7岁时仍留在家里，但她们不是整天织布做家务，而是从事体育锻炼，学习跑步、竞走、掷铁饼、搏斗等。妇女以胖为美，认为体态丰腴的女人才能生下健康的孩子，长大才能成为一名刚强的战士。传说一次一个外国人向斯巴达的王后暗示，在世界上只有斯巴达妇女能够管辖男人。这位王后回答道："完全正确，因为我们是世界上唯一能生养勇士的女人。"斯巴达妇女很勇敢也很坚强，她们不怕看到儿子在战场上负伤或死亡。当母亲送儿子上战场时，不是祝他平安归来，而是给他一个盾牌，说："要么拿着，要么躺在上面。"意思是说，要么拿着盾牌胜利而归，要么光荣战死被别人用盾牌抬回来。因为斯巴达人知道一名好的战士既不能退缩也不能当俘虏。

来库古所进行的改革并不是一帆风顺的。一些斯巴达人聚集在一起大喊大叫并向来库古投掷石块，其中一块石头击中这位立法者的眼睛而且眼球被打出来。其他人被眼前这一幕所惊呆，立刻抓住凶手交给来库古处置，这位立法者把这个叫阿尔坎耳的年轻人带回家。在随后与来库古相处的几天里，阿尔坎耳意识到，这个他一直非常厌恶的人实际上是他所见过的最诚实、最勤奋的人。此后他成为来库古立法改革的坚定支持者，并在整个斯巴达推行他的改革。

斯巴达人轻视文化教育。青少年只要求会写命令和便条就可以了。来库古认为讲话简洁与衣食简朴同样重要。所以斯巴达人要求他们的子弟语言简明,直截了当,从小养成沉默寡言的习惯。他们说话就像军事口令一样。有一次,一个来自另一个城邦的外人嘲笑斯巴达人所使用的短剑,斯巴达国王反驳道:"足以刺死敌人!"这种简洁的回答后来被称作斯巴达式的回答。

据普鲁塔克说,当来库古审视着其政治体制的宏伟壮丽,并顺利运转时,感到了喜悦与满足。然而与此同时,他还在构思着如何使之不朽,并将其不做一丝改动地传给子孙后代,直至人类所能预见的未来。他特地召开全体公民大会,告诉他们,为确保城邦的福祉与美德,合理完善的法律和制度都已建立起来了,但还剩一件最重要的事情未能解决,而他认为在求得神谕之前,将其透露给大家是不妥的。与此同时,他希望他们能遵守他所制定的法律,不许做任何改动,直至他(求得神谕)回来。到那时,他将会按照神示去做。人们都欣然同意,并催促他启程,早去早归。

安排好这一切,来库古便动身前往德尔斐。在神示所他向阿波罗献上供品,询问他制定的法律是否良好,是否足以使人民幸福且有德行。神谕的回答:法律极好,人民如遵守之,将享有荣名。来库古记下了这一神谕,将其送回斯巴达。之后他再次向阿波罗献祭,此后便离开了他的朋友和儿子。他下定决心,要使斯巴达人无法解除他们对他已许下的承诺。于是他绝食,以此终结了自己的一生。他认为,如有可能,一个政治家有义务使其自身的死对国家有所贡献,真正做到鞠躬尽瘁,死而后已。以这种与其荣耀一生相配的方式去死,一方面,他使自己的幸福得以圆满;另一方面,他确保了自己的人民能够享受他终其一生为其谋得的福祉。因为他们已经庄严宣誓过,遵守他创立的法律和制度直到他回来。

他的期望并没有落空,斯巴达在此后500年中,一直保持着希腊主要城邦的地位，并严格遵守着来库古制定的法律。

　　由于公民的生活被限制在狭窄的范围内，几百年实行的都是贵族寡头专政，所以除了战争之外，斯巴达人实际上是闭关自守的。他们厌恶财富的炫耀，禁止使用金银制成的货币，拒绝同外界进行任何商业或手工业的交往。他们没有商品经济、眼界狭隘、墨守成规。斯巴达人始终站在当时重要的思想潮流之外，轻视文学艺术、自然科学。斯巴达城邦几百年都没产生一名科学家。斯巴达城里，几乎看不到一座宏伟的建筑物，斯巴达人也没有制作出一件精致的艺术品传到后世。在这种严格的制度之下，斯巴达民众没有自由和闲暇，国内既无市场也无剧场，只有现役和非现役的军人以及一座座兵营。斯巴达城没有城墙，强大的军队就是可靠的"人墙"。斯巴达的一位当权者曾经说过，一座由人墙代替砖墙的城市就是一座设防最好的城市。斯巴达人虽然对经营技艺和敛聚钱财不屑一顾，但那种"号令一出，四邻臣服"的威风和荣耀确是一笔巨大的财富，致使其在伯罗奔尼撒半岛一直以霸主自居。伯罗奔尼撒半岛上的各个城邦都被斯巴达纠集起来组成伯罗奔尼撒同盟。斯巴达还利用同盟影响各邦的发展，使其也建立起和斯巴达类似的贵族寡头的统治。当时，唯一能和斯巴达相匹敌的是雅典城邦。但后来，正是由于斯巴达人对荣耀的异常珍视和对法律的绝对服从，使得斯巴达成为希腊所有城邦中最强大的盟主。

学生必知的古希腊文明

文明摇篮　全希腊的学校

　　雅典人与斯巴达人不同，他们大约在公元前1900年就定居于中希腊的阿提卡半岛，大约和斯巴达同时建邦，领土面积相当。相传在公元前9世纪—公元前8世纪，忒修斯统一了形成于荷马时代的4个部落，并进行了一系列改革。它的中心内容是联合境内各村社建立中央议事会和行政机构。这一过程希腊人称之为"塞诺西辛"，意为联合一统。雅典是以协议方式建立国家，和斯巴达的通过征服立国不同。通过塞诺西辛而建立的中央议事会和行政机构，便是城邦国家的雏形。

　　忒修斯改革的另一重要内容是把国内公民分为贵族、农民和手工业者三个等级，规定贵族充任官职、执行法律，农民和手工业者只在公民大会中有一席之地，绝不能当官掌权。这样一来，公民中贵族和平民（农民和手工业者）的划分便很明显，为日后雅典的贵族政治奠定基础。

　　到公元前8世纪间，雅典城邦的首脑已不是国王而是执政官（或称"名年执政官"，因公元前683年后以其名纪年），但国王之名仍保留在行政官名中，它是位于名年执政官之下的一个执政官的称号。此时中央议事会已成为贵族会议，只有贵族才能参加，各执政官由它从贵族中选定，交公民大会形式上通过。执政官最初是终身制，后改为十年一任，到公元前683年改为一年一任，至此，雅典的贵族政治已达其顶峰。这时雅典的执政官多达9人，首席或名年执政官是国家元首，执掌内政；王者执政官主持节日庆典、宗教仪式并管理氏族事务；军事执政官统理军务；最后6名司法执政官管理司法和整编法令。尽管如此,由于在这种体制中没有最高行政长官,权力三分,相互制约,基本排出了个人专权,因此奠定了雅典城邦民主制的基石。从公元前683年至公元前508年的170余年间,雅典政治体制经历了贵族寡头专制、僭主独裁统治的风风雨雨,虽然几经反复,但由于民主制基础的稳固,雅典人最终迎来了人类历史上第一个"民主共和国"。

贵族寡头专制

贵族对国家政治的垄断无孔不入,他们包揽官职,自定法律,在政治上压迫平民群众,经济上则通过高利贷、土地兼并和债务使贫苦的农民、手工业者破产流离,甚至卖儿卖女,无以为生。当时雅典的阶级矛盾异常尖锐,政局动荡。公元前632年,奥林匹亚赛会的冠军贵族库隆,利用平民对贵族寡头专制的不满,举行暴动,结果暴动失败了。但为了满足平民的部分要求,贵族做出了第一个重要的让步,于公元前624年推举执政官德拉古立法。

德拉古立法

德拉古立法以严苛著称,在他草拟出雅典第一部成文法典里,懒惰、偷盗蔬果也判以死刑。他推行的惩处如此严厉,以至于有人说:"德拉古的法典不是用墨水写的,而是用血写的"。直至今日,"德拉古的法典"已经成为感叹性的俗语。但这毕竟是雅典平民对贵族的第一次胜利。德拉古立法未能解决雅典社会矛盾,最后迫于社会各界的压力,贵族再一次让步,一致同意推举梭伦立法,这就是历史上著名的梭伦改革。

梭伦改革

梭伦出生于雅典贵族家庭,他的父亲乐善好施。到梭伦年轻的时候,已是家道中落。梭伦一面外出经商,一面游历。普鲁塔克认为梭伦出外旅行,主要是为了获取经验和学问,并不是为了赚钱。在此过程中,梭伦认识了古希腊著名哲学家泰勒斯等人,并获得了古希腊"七贤"之一的美名,也显示出了杰出的诗歌才能。他常在诗中抨击贵族,同情平民。公元前600年又在雅典与邻邦麦加拉的战斗中勇立军功,率众攻克应属雅典的萨拉米岛,因此他在群众中很有威望,既是英雄诗人,又是一位体察民情的革新派政治家。梭伦以整个城邦公社的利益为重,主张以改革方式解决平民备受压迫的各类问题,搞一个带有立宪意义的改革运动。他的立场得到大多数公民的支持,遂在公元前594年选举他为"执政兼仲裁",全权进行宪政改革。

梭伦改革的第一个重大措施是颁布《解负令》,即解除债务及由于负债而遭受的奴役。《解负令》不仅使雅典公民中的贫苦大众解除了最沉重的负担,而且由于它取消了债务奴隶制,还对雅典和希腊的奴隶社会产生极其深远的影响。不过,这种取消只是指公民而言,并不阻碍奴隶制本身的发展。以后雅典的奴隶便全由外邦人充当,由于公民不再受债务奴役,城邦体制更为巩固,民主政治也发展起来,遂使希腊奴隶制经济走向繁荣。因此,从辩证角度看,《解负令》实际上代表着促进希腊奴隶社会发展的进步方向。出于同样精神,梭伦还规定了公民个人占有土地的最高限额,防止土地过分集中,通过保护小农而使城邦体制获得健康发展。

第二项重大改革措施是按土地收入的财产资格划分公民等级,取消以前的贵族、农民、手工业者三级之分。这个政治改革自然使工商业奴隶主大得其利,因为他们按财产必居第一等级和第二等级。同时,对贵族也并非彻底打击，因为贵族以其财产仍可列第一和第二等级，只是他们的特权受到削弱，不能再独占政权了。

第三项重大改革是设立新的政权机构，贵族会议大受限制。新机构中最重要的是400人会议，由4部落各选100人组成，除第四级外，其他公民都可当选。综观梭伦的各项改革，可见他在解救人民疾苦、消除贵族特权方面迈了很大的一步，同时也为工商业奴隶主掌握政权准备了条件。

总体来说，他把雅典引上了建立奴隶制民主政治和发展奴隶制工商业的道路，这也是符合当时希腊城邦发展要求的康庄大道。亚里士多德说梭伦"采取曾是最优秀的立法，拯救国家"是很正确的评价。梭伦肩负仲裁制宪大任的执政任期只有一年，届满后便飘然离任，出国远行。也有传说他是被驱逐流放的。此后始终未入政坛，直到公元前560年去世。据说改革后期曾有人建议他搞僭主政治，被他婉言拒绝，以示他对城邦政治的忠诚，反对个人独裁。

僭主独裁统治

但是，在雅典有人想当僭主，这个人就是曾为梭伦之友的庇西特拉图。在公元前561年，他在雅典成功地建立了僭主统治，后来两起两落，被逐出雅典达10年之久。但最终于公元前541年返回雅典，掌握政权，直至寿终正寝。他于公元前527年逝世后，其子又继而统治了18年，直到510年被人民推翻。将近半个世纪的庇西特拉图僭主政治在雅典历史上也写下重要的一章。

庇西特拉图继续执行梭伦的立法，使雅典仍然按梭伦改革确定的路线发展。平民对他的僭主政治犹有好感，他掌权期间雅典的经济和文化都有较大发展。所以人们常说庇西特拉图的僭主政治有如黄金时代。

在僭主统治的公元前6世纪后半期，雅典工商业有显著发展。雅典陶器生产在希腊世界位居前列,畅销于地中海东西各地,也深入黑海沿岸,随着精美陶器外销的还有酒与油,这两项农产品也居雅典外贸的大宗。由于庇西特拉图与邻邦和小亚、黑海一带国家皆保持友好关系,雅典对外联络方便、商路畅通,它铸造的钱币在国际市场上开始受到重视。庇西特拉图特别注意控制雅典通往黑海的商路,在小亚西北角建立了雅典殖民地西吉昂,并支持雅典商人开发色雷斯的金矿。他在雅典大兴土木,既促进了建筑业和有关行业的发展,也使雅典开始成为希腊建筑和雕刻艺术的中心。他还注意提倡文艺,出资组织隆重壮观的节日庆典,把许多诗人请到雅典,礼遇优渥,《荷马史诗》的整理写定便在雅典进行。因此,总地说来,雅典在僭主统治之下仍是按梭伦期望的那样繁荣起来了。

庇西特拉图之子希庇亚斯却未能继续其父的"仁政",专制的黑暗、奢侈、傲慢引起人民越来越大的不满,终于在公元前510年被群众推翻,被逐的希庇亚斯最后跑到波斯,叛国求荣。雅典人民获得自由后继续奋斗,赶跑了乘机和流亡贵族勾结而一度进入雅典的斯巴达军队,并促成了公元前508—507年的克利斯提尼改革,把雅典民主政治推进了一大步。

克利斯提尼改革

克利斯提尼也是像梭伦那样出身贵族却支持平民的民主政治家,他针对梭伦改革犹未深入触动的雅典选举体制和血缘团体作了较彻底的改革。其内容之一是废除传统的4个血缘部落而代之以10个新的地区部落,按新部落体制进行选举。正是在彻底按地区组成这一点上,克利斯提尼改革沉重打击了氏族贵族,使他们依靠旧的氏族血缘关系影响选举成为不可能,雅典的国家组织也由于摆脱氏族关系的残余而完全形成了。

在组成新的选区之后,克利斯提尼便以10个部落各选50人组成新的五百人会议,取代梭伦的400人会议。五百人会议的成员是所有公民不分等级皆可担任，比400人会议更民主。选举办法也有创新：各选区基层单位（相当于村庄的德莫斯）按人口比例确定的名额在合格候选人中抽签产生。这样一来，每个身体健康并关心政治的雅典公民，原则上都有当选五百人会议成员的权利，实际上在他一生中也总有一两次获选的机会。五百人会议的权力也更为扩大，除了为公民大会准备议案、所有议题均先由它讨论并由它主持公民大会外，它又在公民大会闭会期间负责处理国家日常政务，由其500成员按部落分为10组，在一年内轮流值班，称为"主席团"，每组50人内部也是轮流抽签值班，而在每人值班那天，他便是雅典国家地位最高的公职人员，有权主持公民大会、接见外国使团。

克利斯提尼改革还导致雅典军队组成的改动，以前按血缘部落征兵的办法现在改为按地区部落征兵。克利斯提尼改革的最后一个措施就是引进了一种新奇的制度用来放逐不得民心的政客。每年一次，在公民大会上，公民中的任何人，均可用一块陶片当票券，弹劾他认为危害公民自由的那个人。如果票数达到6 000，那么反对人数最多的那个人就要在10天之内离开这个城市而且10年内都不能回城。期满归来，他以前的一切权利也随之恢复。这套制度以"陶片放逐法"著称。此法的目的在于防止僭主政变，曾起过巨大作用。所以克利斯提尼的政治体制沿用了200年。

由此可见克利斯提尼改革的成功，使得"雅典在新的政治体制下勃然兴起，声威并著。由于民主制度的鼓舞，天才洋溢，智慧跃进，雅典人已上升到了人类历史上诸民族中最卓越的地位"（摩尔根《古代社会·上》第274页）。雅典城邦的民主洪流便不可逆转地向前猛进，因此亚里士多德说这一改革"比梭伦宪法要民主得多"。经过陆续的改革，雅典逐渐形成了古希腊最好的政体——民主制，并为希腊诸邦做出了示范，成为全希腊的楷模，它是西方民主制度的渊源。在公民可以享受自由、民主、平等的雅典民主制度里，经济发达、文化昌盛。雅典作为古希腊文化中心，吸引了希腊各地优秀分子，让他们在这里大显身手。雅典真的成了全希腊的学校。

学生必知的古希腊文明

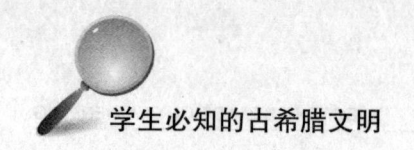

海外殖民　传播民族文化

　　自公元前8世纪初的300年时间里,一些希腊人离开自己的城邦冒险远航,并在其他地区定居下来。开创一个移民地往往是个危险的过程。首先在海上航行很长的距离,然后在登陆时还有受到袭击的危险。公元前757年,卡尔西斯在库梅斯建立了第一块移民地。一个世纪内便出现了数十个移民地。各个城邦各自对外移民,之间不进行任何协调。然而每次移民前,城邦都要到德尔斐的阿波罗神示所征询神谕,根据神示选择移民地点。据史载,从多利安人入侵后,希腊的移民已是有意识的殖民即"派遣移民"。

　　希腊城邦似乎充满了蓬勃发展的活力和目标。从公元前8世纪到公元前6世纪,希腊各城邦纷纷开拓海外殖民地,史称"大殖民"运动。在殖民活动中古希腊人的创造性得到了充分的体现。希腊人求神示,选择具有天然良港和肥沃耕地的最佳的地方作为他们的新殖民地,首先做出规划,即让有智慧的人制定一个章程,如普罗塔哥拉曾为雅典的重要殖民地——图利起草一部法典;然后再从公民中选拔或派遣出去,这已经成为有组织殖民的惯例。一旦某个城市决定在别处建立一个自己的殖民地,就会挑选一个首领去当这个新殖民地的创建人。每家每户都得出一个儿子陪父亲一起去。当他们到达新殖民地时,他们就会得到一块土地。这是一项非常重要的事业,乃至任何敢于拒绝航海前往的人都会被处死,并没收其全部财产。

　　最早在叙利亚建商站的优卑亚岛,在公元前750年左右又向西远航,来到意大利那不勒斯附近的皮提库萨岛建立了殖民点，组成一个最早的殖民城邦，其后不久又在此岛对面的意大利土地上建丘米城。从此直到公元前6世纪的200多年间，希腊殖民者开疆立国多取扬帆渡海之路，在地中海区域广泛开展殖民活动。除了在东面在埃及、叙利亚建立少许商站外，他们还在南面达到非洲利比亚至突尼斯沿岸，在西面进入意大利、伊利里亚（今南斯拉夫和阿尔巴尼亚）、西班牙和法国南部沿岸，在北面进入色雷斯，并通过赫勒斯滂海峡而入普罗朋提斯海，又通过博斯普鲁斯海峡而入黑海广大地区（包括今土耳其、保加利亚、罗马尼亚、乌克兰、俄罗斯及高加索等地），在这些比希腊本土不知大多少倍的海岸地带建立了众多的殖民城邦。据统计，在此期间参加殖民的希腊城邦（包括殖民城邦又进行新殖民者）共有44个，在上述各地共建殖民城邦至少在139座以上。历史上有一个人所皆知的比喻：地中海好比一个大池塘，众多的希腊殖民地如同生活在大池塘周围的青蛙们，发出共鸣。这个比喻形象地说明了希腊殖民运动产生的文化扩散，这也是后来历史上著名的"希腊化"时代之所以能形成的原因之一。

希腊的海外殖民不仅和古代一般的民族迁移不同，更与近现代的资本主义殖民侵略有别。从过程上看，海外殖民通常是由某一城邦发起，它就称为母邦；母邦把部分公民迁移到海外某地另立家园，它就是子邦——殖民城邦。因此，这种殖民活动是城邦（母邦）为解决自身发展问题而采取的措施，也可说是古风时代希腊国家形成和扩散过程的一种表现形式。参加殖民的是母邦公民团体的一分子，殖民后便是新邦公民团体的成员，而殖民城邦和母邦在政治经济关系上都是平等的。所有子邦都是希腊世界的新成员，它们在政治、经济、文化各方面都和希腊本土诸邦相类似，殖民城邦最集中的海外地区——意大利南部且有"大希腊"之称。

殖民的原因是多方面的，最常见的是由于希腊城邦经济繁荣，人口增长迅猛，而希腊地区土地狭窄，山地多而适于耕作的平原少，所以形成人多地少的局面；也有因土地兼并破产失地而到海外另谋生路的；经济上的

学生必知的古希腊文明

　　另一重要原因是商业发展谋求原料和开辟市场，它在早期不太明显，愈到后期便愈为重要；也有在政治斗争中失败而被遣送出国或安插于外的人；也有为了寻找宝藏探险，为了寻找新的领土，或是为了逃避饥荒，而到海外殖民以求渡过难关者。

　　海外殖民不仅缓解了希腊城邦发展过程中的内在矛盾，还大大促进了整个希腊世界的经济发展，尤其是商品经济的发展。希腊本土可从殖民地区获得粮食及铜铁锡等原料，同时以本土所产工业品和油酒之类相互交换，双方皆获利而使希腊世界的奴隶制商品经济获得较充分的发展，这可说是海外殖民为希腊文明作出的最大贡献。

　　因此，海外殖民是为了解决城邦内部的困难，但它是城邦有组织的活动，移民往往由母邦提供领袖、船只和所需各项生产资料，这样到殖民点后可较顺利地进行农工商业活动。于是子邦和母邦、殖民地区和希腊本土之间展开频繁的经济往来，希腊的商业贸易受惠良多。广泛密切的贸易联系还进一步扩大了海外市场，使希腊世界向东连接埃及、叙利亚、巴比伦等东方文明地区，南通非洲，北出黑海，西及中欧西欧内陆，构成了一个海洋与大陆交错、东方与西方连接的前所未有的地中海最大贸易圈和经济圈，远远超过爱琴文明的规模。这个更大的活动天地在政治和文化方面对希腊城邦的影响也是很积极的。它有助于公民集体的稳定和城邦制度的巩固，而随着经济发展而出现的工商业奴隶主阶层的壮大，也加强了平民阵营的力量，有助于平民反对贵族的斗争和民主政治的建立。几乎和殖民运动同步发展的文化交流对希腊吸收东方文明成果大有促进，不仅使殖民兴盛的公元前7世纪在希腊史上有"东方化时期"之称，而且扩大了希腊人的眼界，丰富了他们对世界和历史的认识，有助于他们探索到一条通过比较分析而获得智慧的科学之路。希腊人通过大殖民的成功鼓舞了海外冒险的勇气，形成了进行海外冒险与殖民的传统，这种传统对于西方文化产生了深远的影响。

希波之战　文明的转折点

希波战争

　　希波战争是古代波斯帝国为了扩张版图而入侵希腊的一场战争，战争以希腊获胜，波斯战败而告结束。希腊之所以最终赢得这场战争，一方面靠的是一支训练有素的精兵和著名的希腊长矛密集阵战术；另一方面靠的是三位运筹帷幄、指挥有方、骁勇善战、身先士卒、视死如归的将领。

　　波斯是古代西亚一个奴隶制国家，它是通过征服而发展起来的大帝国。到大流士统治时期（前522—前486），波斯已成为世界古代史上第一个横跨欧、亚、非三大洲的帝国。波斯军队的主要成分是骑兵和弓箭手，有若干个拥有一万人的师团。公元前6世纪中叶，波斯帝国侵占小亚细亚西部沿岸希腊人建立的各城邦。在公元前494年，波斯又完全征服了依阿尼亚地区。波斯帝国早有西侵野心，于是借口雅典和埃雷特里亚援助米利都，于公元前492年夏，发动了对希腊的战争。大流士一世派马多厄乌斯率陆海军远征希腊。但天不作美，海军在阿索斯海角遇到大风暴，300多艘战船撞毁，两万余人葬身鱼腹；陆军也遭到色雷斯人的袭击，出师不利，退回小亚细亚。

　　公元前490年春，大流士一世派达提斯和阿塔菲尼斯率军约5万（包括近400艘战船）第二次远征希腊。首先攻占并破坏了埃雷特里亚城，继而南进，在距雅典城东北约40公里的马拉松平原登陆。面对打到家门的波斯大军，雅典举国震惊。当年的雅典军政长官卡利马什立即召开会议，投票决定是否同波斯人决战。投票结果是五票赞成，五票反对，这就意味着卡利马什的一票将决定雅典的命运。正当卡利马什犹豫不决的时候，力主决战的五位将军中的米提亚德将军走上前来说道："现在整个雅典的命运握在你的手上。我坚信雅典人强过波斯人百倍，胜利一定属于我们！"米提亚德这一席话打消卡利马什的顾虑，他终于投票支持和波斯大军决战。雅典政府一面紧急动员全体雅典公民赴马拉松应战，一面派人星夜奔往斯巴达求援。斯巴达这次没有拒绝，但也没有行动。总之，雅典只有独自抗战了。

马拉松之战

富有决断力的米提亚德由于众望所归，被推选为战役总指挥。他立即组编了一万人的重装步兵，并领兵前赴波斯军的登陆地点——马拉松平原与之决战，而雅典则由海军负责防守。9月12日晨，马拉松会战开始。波斯军队为雅典军队的两倍，米提亚德因而将全军布阵至与波斯军队一样长度的简单平行战斗序列，并将精锐安插在两翼。两军交手，一切都在米提亚德的掌控之中。雅典军中路不敌重压步步后退，波斯军不知是计策，纷纷拥入突破口，以图扩大战果，雅典军两翼精锐铁壁合围使波斯军四面受敌，擅长强弓硬弩的波斯军完全不得发挥。这是一场包围战的典范，波斯军陆军被围歼，被完全击败。想从海上偷袭雅典城的波斯海军，也因米提亚德早有准备没能得手。波斯军只好撤回东方。此役，希腊军歼敌6 400人，缴获一批舰船，自身损失不足200人。马拉松之战成为古代战争史上以少胜多的范例之一。雅典人获胜后，又立即派腓力庇得斯从马拉松奔回雅典去报喜。他一下子跑了42公里又195米，到达雅典城时，已经精疲力竭，只喊了声"高兴吧，我们胜利了！"就倒地而死。后世为了纪念马拉松战役和腓力庇得斯，就举行同样距离的长跑竞赛，并定名为马拉松长跑。

温泉关战役

波斯王大流士一世死了以后，他的儿子薛西斯登上王位。薛西斯为实现父亲的遗愿，发誓要踏平雅典，征服希腊。为此，他精心准备了4年，动员了整个波斯帝国的军力。在这个战役发生之前，波斯遣派了使者团进入希腊，劝说各个城邦放弃抵抗，臣服波斯帝国。波斯的使者代表甚至无耻地声称"我们只需要你们的水和土地"。希腊城邦都没有屈服，雅典直接把波斯使者扔进了深坑，而斯巴达则把前来的使者扔进了一口大井，说井里有的是水和土。公元前481年所有的城邦在科林斯召开了联盟大会，组成了希腊城邦联盟。

10年后即公元前480年，波斯王薛西斯一世亲率陆军30万及战舰1 000艘再度进犯希腊。这次波斯号称百万大军压境，使得全希腊各城邦均有着生死存亡已系于一线的感觉。经过缜密的研究考虑，同盟军发现阻击波斯大军的最佳地点是温泉关，应该派遣陆军重点防守，并且派出一支舰队前往阿特米松海峡（因为薛西斯的军队主要依靠来自海上的供给），否则薛西斯的舰队就可以越过马利亚科斯海湾从侧翼包围希腊军队。这一次斯巴达破例派出由两国王之一的列奥尼达率领一支精锐部队提前赶赴温泉关。

温泉关是南下中希腊的咽喉要地。它依山傍海，最窄处仅容一骑通过，是个"一夫当关，万夫莫开"的天险。斯巴达国王列奥尼达（希腊语意为猛狮之子，传说是大力神赫拉克勒斯的后裔）从皇家卫队中挑选300名30多岁且有妻儿的精兵，这对斯巴达人非常重要，因为抱定视死如归，得有后代接续。还有伯罗奔尼撒半岛其他城邦的7 000人一起负责防守这第一道防线。列奥尼达及其士兵与数万波斯陆军拼命厮杀，使得波斯军队在头两天不得寸进，并且死伤惨重。但在第三天夜里，一个当地的希腊人引导波斯军队抄小路偷袭联盟军的后方，腹背受敌的希腊人拼死抵抗。列奥尼达心里明白战则必败，为了保存有生力量，他下令联军迅速撤退，他和他手下的300名斯巴达精兵留下坚守阵地。翌日清晨，正面的波斯军首先发起猛攻，潮水般扑向关口，列奥尼达身先士卒，率领300名斯巴达勇士，遵守着"非战即死"的律条奋勇迎敌。他们用长矛猛刺，长矛折断了，又拔出佩剑劈砍。苦战一整天后，他们的矛和剑都打没了，勇士们赤手空拳与敌人展开肉搏。列奥尼达遍体鳞伤，血染铠甲，直至力竭气绝，战死疆场。为了争夺他的遗体，双方展开了更加激烈的战斗。斯巴达人接连打败敌人的4次冲击，并把国王的遗体隐藏起来。但终因寡不敌众，300名斯巴达勇士全部壮烈牺牲。但其英勇的事迹却留传后世，为后人所敬仰。斯巴达300勇士战死后，为了纪念他们的英勇战绩，人们在一尊狮子状纪念碑上镌刻下这样的铭文：

过客啊，

请带话给斯巴达人，

说我们踏实地履行了诺言，

长眠在这里。

萨拉米斯海战

温泉关陷落了，但斯巴达王及其士兵的牺牲为希腊人最终胜利赢得了宝贵的时间。

在希腊，很久以来就流传着太阳神的一个神谕：只有木墙才能保住希腊并使希腊人和他们的子孙永远受益。马拉松之战发生后的10年内，雅典人一直没有放松对波斯的戒备。他们建造了保卫雅典外港比里犹斯港和雅典城的"长墙"。不过，雅典执政官地米斯托克利斯对古老的神谕有自己的解释。他对大家说：神谕的意思是要求希腊人在海上消灭敌人，因为太阳神所说的木墙就是战船，决战只有在海上去寻求，而不是在陆上。他因此力排众议，执意扩充雅典海军。他用罗马尼亚银矿的收入建造了150艘三层桨座的军舰，并征集水手，日夜操练。这一支强大舰队的建立，使雅典一跃而成为爱琴海上第一流海权强国。

就在斯巴达人与波斯人在温泉关展开激战的时刻，以雅典海军为主体的希腊联合舰队，也正在优卑亚岛北端的阿尔特米西恩湾与波斯舰队交锋。但是，此时传来一个坏消息：温泉关陷落，斯巴达王阵亡，波斯军正向雅典开进。于是，希腊联合舰队无心再战，不得不退向南方的萨拉米斯海峡。雅典的妇女和儿童被紧急疏散，青壮年男子都拿起武器登上了战舰。等到一心要找雅典人洗雪马拉松之耻的薛西斯疯狂扑来时，雅典已经人去城空。薛西斯气急败坏，放起一把大火，顿时把一座全希腊最富庶的城市化为一片瓦砾。

由于萨拉米斯湾就在雅典城西埃莱夫西斯湾的南面，气势汹汹的波斯军吓坏了一些希腊人。当时全体希腊联合舰队都集结在萨拉米斯海峡的东端，总共只有366艘三层桨座战舰和7艘50支桨的老式战舰。大家对仅凭这一点兵力，能否打败波斯大军毫无信心。就连联合舰队的司令、斯巴达的将军欧律比亚德斯也拿不定主张。

在这关键的时刻，地米斯托克利斯挺身而出，建议召开军事会议，商讨作战方略。在会上，地米斯托克利斯慷慨陈词，指出必须把战船集中在萨拉米海湾和波斯海军决战，才能取得胜利。他说，波斯战舰虽多，但船体笨重，因此港窄、水浅的萨拉米海湾能充分限制其优势，而且波斯水手们也不熟悉海湾水情和航路；而希腊人正相反，战船体积小，机动灵活，适合在这个狭窄的浅水湾中作战，加上水兵们在本国海湾作战，熟悉水情、航路，能充分发挥力量。因此，地米斯托克利斯断言："我们的舰队在窄海中作战，可以以少胜多。如果撤出萨拉米斯湾，在开阔的水面上决战，全希腊都要同归于尽。"尽管地米斯托克利斯说得很有道理，军事会议也先后开了两次，众人还是听不进去。

眼看战机就要失去，地米斯托克利斯焦急万分。突然，他脑际灵光一闪，想出一条妙计：为什么不请波斯人来帮一下忙呢？于是，他叫来自己的一个贴身卫士，交给他一封密信，让他去向波斯王告密，说希腊海军人心浮动，不敢交战，都想逃出海湾。薛西斯见到密信，十分高兴，立即下令严密封锁海湾，不准放过一条船。

地米斯托克利斯虽出身寒微，但自幼性情刚烈，天资聪慧，立志于成就一番大事业。他的老师也曾预言，他长大后将是一个叱咤风云的人物。他所处的时代正是希波战争（前500—前449）处于决定意义的阶段，这个风雷激荡的年代为他施展才能提供了广阔的历史舞台。在马拉松战役（前490）之后，所有的雅典人都为这次空前巨大的胜利所陶醉，但地米斯托克利斯却夜不成寐。他敏锐地觉察到波斯人在马拉松的失败并不是希波战争的结束，而是更加严重的战斗的开端。他认为要拯救雅典，必须大力发展海军。他利用劳里昂地方银矿的收入建成了100多艘战舰。在他任执政官期间，雅典海军力量的发展对其政治、经济生活以及社会各阶层之间的相互关系都产生了巨大的影响。公元前480年，波斯军队从海陆两面大举进犯雅典，地米斯托克利斯在危急关头充分显示出了卓越的政治、军事才能。他首先颁布一道法令，让他的政敌、遭陶片放逐的阿里斯提德回国，参加保卫祖国的战斗，又主动地将海军的最高指挥权让给了斯巴达将军欧律比亚德斯，以增强同盟内部的团结。他还通过巧妙地解释神谕的办法，说服了大部分雅典公民撤出雅典，同时他施展计谋诱使波斯人在最有利于希腊人的萨拉米斯湾展开海战。

正是由于地米斯托克利斯的审时度势、高风亮节和运筹帷幄，希腊人赢得了萨拉米斯海战的辉煌胜利。这场胜利也给他带来了巨大的荣誉，使他一度成为希腊最显赫的人物。

此后，他与斯巴达人在防卫城墙问题上产生激烈冲突。他的政敌，包括克里斯拉德和客蒙等人，对他施用陶片放逐法来剥夺他的尊严和杰出成就。被逐出城以后，他最初在亚哥斯漂泊。后又遭诬陷，被指责私通波斯而遭到追捕。他断定回雅典受审必将凶多吉少，因而辗转逃避，屡经艰险，最后到达波斯，投奔了波斯国王。后来，当波斯王命其为进攻雅典出谋效力时，他恪守自己的诺言，决不做有损于希腊的事，最后服毒自杀，客死异乡，终年65岁。

希腊在波希战争中取胜，使得西方世界的历史中心由两河流域向地中海地区推移，希腊文明得以保存并发扬光大，成为日后西方文明的基础。而且希腊战胜亦确保了希腊诸城邦的独立及安全，使得希腊继续称霸东地中海数百年。波斯在这场战争里战败，使其对外扩张的气焰受挫，并逐渐走向衰落，最后被马其顿的亚历山大大帝所灭。

学生必知的古希腊文明

伯里克利　开创黄金时代

在古希腊文明史里有两个时代是以个人的姓名命名的，一是"荷马时代"；另一个是"伯里克利时代"。前者是指公元前大约1200年，在迈锡尼文明毁灭后，希腊人又退回到无文字的原始状态，进入了所谓的"黑暗时代"。就在这个时代荷马唱出了传诵千古的史诗，因为这两部史诗是研究该时代的主要文献资料，所以又将这一时代称为"荷马时代。"公元前5世纪至4世纪雅典成了"全希腊的学校"，进入了黄金时代。伯里克利所扮演的角色很具有榜样性，人们至今还把这一时期称为"伯里克利时代"。

伯里克利出身雅典名门，父亲克山提波斯是公元前479年米卡列海战雅典舰队的司令官，母亲阿加里斯特为雅典民主政治的奠基人克利斯提尼的侄女。他从小受到良好的教育，曾向当代智者哲人达蒙和芝诺学习音乐、政治理论和哲学思想。在良师益友，博学的阿那克萨哥拉的熏陶下，伯里克利具有不迷信神异的唯物主义思想和高尚庄严的情操和风格。

伯里克利的青少年时代是在希腊同盟抗击波斯侵略者的岁月中度过的。在这场战争中，雅典与盟国勠力同心，凭借海上舰队取得了大败波斯军的辉煌胜利，随后又缔结提洛同盟，一跃成为希腊世界最强大的国家，经济繁荣，文化昌盛。怀着对自己国家的热爱和作为雅典公民的信心与自豪，伯里克利登上了雅典的政治舞台。他刚正不阿，廉洁奉公，有眼光，善演说，坚毅冷静，气宇不凡，具备一个优秀政治家的品格和气质。

公元前472年，伯里克利初露头角，出资承办埃斯库罗斯所著《波斯人》一剧的演出。公元前466年后，伯里克利追随埃菲阿尔特斯，成为雅典民主派的代表。希波战争胜利后，以战神山议事会为大本营的雅典保守势力有所抬头，其代表人物是客蒙。埃菲阿尔特斯和伯里克利不断揭发控告战神山议事会成员贪污腐化、滥用权力的行为，并于公元前463年左右弹劾客蒙。埃菲阿尔特斯和伯里克利趁机掌握政权，进行政治改革。公元前461年，客蒙被放逐。不久，埃菲阿尔特斯遭暗杀，年方30多岁的伯里克利登上了政治舞台。

伯里克利首先剥夺战神山议事会的政治权力，使之分别归属公民大会、五百人会议和陪审法庭。此后，战神山议事会只审理带有宗教性质的案件和事务。公民大会、陪审法庭和五百人会议摆脱了战神山议事会的牵制，完全成为雅典国家的最高权力机关和执行机构。其次各级官职向广大公民开放。公元前457年后，第三等级公民取得担任执政官的资格，第四等级公民后来事实上也被允许担任此职。于是雅典全体男性公民基本上都获得了不受财产限制，通过抽签、选举和轮换而出任各级官职的权利和机会。这些官员在执行公务期间，按天数发给工资。抽签与工资相结合的这一国家体制是历史上第一个，也是唯一一个有影响力的、完全的直接民主制。在此之前的雅典，从理论上给予了全体市民以平等的参政权力，但实际上所有公职都是没有工资的。这对于每天都要为三餐奔走的人来讲，就算当选，也无法从事公职的日常工作。就这样，无论是在造船场工作的员工，在乡下耕种的农民，还是战船上的划桨手，都名副其实地有了参政权。正因为有这些无产者的参加，雅典的民主体制才被提升到了一个高峰。经过伯里克利的苦心经营，雅典的奴隶主民主政体日益完备。

伯里克利从登上政治舞台开始连续30余年，几乎年年被选为10人内阁成员，而且绝大部分被选为首席成员。他创造了被后人称为伯里克利时代的希腊黄金时代。在希腊史上他是唯一能在希腊的民主制下连续掌权30多年的人。

学生必知的古希腊文明

在雅典不会有人怀疑伯里克利是民主派的领袖。虽然如此，他不仅没有排斥保守派，反而完全继承了保守派的路线，积极利用海军力量以维持制海权，以此确保并扩张雅典的市场，使雅典的经济实力不断增强。为达到这个目的，不惜努力地维持与斯巴达和波斯的友好关系。但同时，他也吸收了地米斯托克利斯极力主张而没有实现的战略。他将斯巴达看成是与波斯同样程度的宿敌，认真考虑对策。一边尽可能地避免冲突的表面化，一边利用一切可能的机会削弱斯巴达的实力，在这点上他与地米斯托克利斯同样不择手段。与地米斯托克利斯不同的是，伯里克利既是非凡的战略家也是有非凡教养的人。他的野心自然地淋漓尽致地发挥在使雅典成为希腊城邦国家之首的壮举上。

对于有才能的外籍优秀人才，虽然没有给予公民权，但伯里克利动用自己可以支配的部门给了他们很高的报酬。于是，哲学家、历史学家、艺术家都纷纷奔向雅典，对他们来讲，在雅典被认可意味着是登了龙门。起源于依阿尼亚一带的哲学便是在这时将其活动中心移到了雅典。也是在这个时代，雅典的奴隶制经济、民主政治、海上霸权和古典文化臻于极盛，成为希腊城邦国家的代表的。现代人们满怀憧憬、敬佩地说起的"希腊文明"实际上是以伯里克利带给雅典的这30年的和平为依据的。

伯里克利的对外政策以扩大雅典的势力和利益为根本原则，力图在加强控制提洛同盟的基础上，与以斯巴达为首的伯罗奔尼撒同盟为敌，建立雅典在希腊世界海陆两方面的优势和霸权。

公元前461年客蒙被放逐后，雅典与斯巴达关系急剧恶化。公元前457年，斯巴达参战，雅典最初失利，但随即整军北上，控制了鲍伊奥提亚和罗克里斯地区。公元前455年至公元前454年托尔密德斯和伯里克利相继率领海军侵袭伯罗奔尼撒半岛周围地区，重点用兵于科林斯湾一带，雅典在希腊半岛的势力达到顶点。

雅典与波斯的战争一直未曾停止。公元前454年，雅典在埃及惨败，一些盟邦在波斯支持下脱离提洛同盟。面对不利的形势，伯里克利对雅典的力量和政策进行适当调整。他先与客蒙和解，缓和同斯巴达的冲突并达成5年休战协议。之后，由客蒙率领同盟海军，大败波斯舰队。与此同时伯里克利倾全力于加强控制盟邦，变提洛同盟为"雅典海上帝国"。公元前454年，同盟金库由提洛岛迁至雅典，直接受雅典支配，盟金实质上变为"贡金"。从公元前454年到公元前449年，缴纳盟金的城邦数约135名增至155到173名之间，大多数都处于属国的地位。

在结束希波战争和加强"帝国"统治后，伯里克利在公元前448年发动外交攻势，企图使雅典以盟主身份执希腊世界之牛耳。但是，伯罗奔尼撒同盟拒绝了这一建议。优卑亚岛各邦和麦加拉皆反叛，斯巴达大军进逼阿提卡。伯里克利率军两次进入优卑亚岛，迅速平定反抗。公元前445年，雅典与伯罗奔尼撒同盟缔结30年和约，希腊半岛基本恢复公元前461年时的形势。

虽然签订了30年和约，雅典与伯罗奔尼撒同盟之间的矛盾仍在发展。伯里克利深信战争不可避免。从公元前434年伯里克利开始在各方面做准备，坚定地迎接这场决战的到来。公元前431年，战争爆发，斯巴达大军进入雅典境内。伯里克利对双方的力量对比和优缺点进行了全面的考虑，决定采取退守雅典城，避免在陆地上与勇敢善战的斯巴达重装步兵硬拼；发挥海军优势，保证海上交通和侵袭伯罗奔尼撒半岛沿海地区的战略。第一年的战争基本上按照伯里克利制订的作战计划进行。在为阵亡将士举行国葬的典礼上，伯里克利发表了具有历史意义的重要演说。他从根本制度和生活方式上热情地歌颂了雅典的伟大成就，清晰透彻地表述了他的政治理想，同时也在某种程度上总结了他40年来的政绩。伯里克利明确宣布："我们的制度之所以被称为民主政治，因为政权是在全体公民手中，而不是在少数人手中。"

然而，意料不到的灾难降临了。在战争破坏和城里难民密集的情况

学生必知的古希腊文明

下，公元前430年雅典突然发生了严重的瘟疫，居民大量死亡。眼看城外围备受敌军蹂躏，城内病魔肆虐，尸体横陈。雅典人心混乱，怨声四起，一度向斯巴达求和未果。伯里克利的政敌趁机活动起来。在伯罗奔尼撒战争爆发前，伯里克利的好友阿那克萨哥拉和菲狄亚斯已先后受到他们的指控而被迫离开雅典。连他的妻子阿斯帕西娅也遭到了所谓不敬神的控告。现在他们直接攻击伯里克利，把战争的不幸归咎于他，伯里克利被判罚款。但是大敌当前，雅典仍需要伯里克利的领导。在公元前429年，伯里克利再次当选将军后不久，瘟疫便带走了他的生命。伯里克利的时代结束了。

随着希波战争的终结和雅典霸权统治的确立，猖獗一时的海盗活动受到抑制，商船通行无阻，伯里克利又迫使盟邦统一使用雅典的银币和度量衡制，雅典及其盟邦的奴隶制经济更加发达。比雷埃夫斯港经伯里克利邀请米利都建筑师希波达莫斯进行统一的设计和建设，面貌焕然一新。雅典与小亚细亚西部、北非和地中海地区建立了广泛的商业联系，其冶金、造船、兵工、制革、建筑等业驰名遐迩。雅典的农业也卷入货币经济之中，大量种植葡萄、橄榄然后制成酒和油外销，而本国的粮食约有三分之二依靠进口。由于完全掌握同盟金库，雅典财政收入骤增。充裕的财政收入为民主政治提供了坚实的经济基础。在伯里克利执政时代，雅典每年因担任公职和服军役而从国家领取工薪或津贴者达两万人，约占成年男子公民总数的三分之一以上。

伯里克利不仅是一个政治家和军事家，而且是古典希腊文化的推崇者和倡导者。他的理想和抱负是要使雅典不仅登上希腊世界霸主的宝座，而且成为"全希腊的学校"。伯里克利的时代是希腊古典文化高度繁荣的时代。希腊世界著名的学者文人和艺术大师都荟萃于雅典，聚集在伯里克利的周围，授课讲学，寻求真善美，探索宇宙的奥秘和人生的真谛。杰出的哲学家阿那克萨哥拉、雕塑家菲狄亚斯和悲剧家索福克勒斯都与伯里克利过从尤密。他的妻子米利都人阿斯帕西娅，才华出众，智慧过人，受到苏格拉底的推崇。伯里克利年轻时即主办戏剧演出，主政期间从国库出钱给公民发观剧津贴或以免费的方式，使雅典市民可以进入当时的主要娱乐场所的剧场。从公元前447年起，伯里克利还开始了规模庞大的复兴工程，着手修复在希波战争中被破坏的神殿、剧场，并计划修得比以前更加富丽堂皇。雅典卫城、帕特农神庙等九个古希腊建筑最卓越的代表，以及附属于这些建筑的各种塑像、浮雕等精美绝伦、千古不朽的造型艺术杰作都是在这个时期完成的，给雅典带来的无人能及的建筑艺术成就。对此很快就有人开始非难伯里克利滥用国民血税钱。伯里克利一点也不回避问题，他这样回答："那好，从明天起所有的工程费用由我个人的财产来支付。不过，在神殿的正面要刻上我伯里克利的雕像，这大家不会有意见吧？"反对的人立刻就张口结舌了。

伯里克利为发扬光大希腊古典文化做出了卓越的贡献。无论是修建公共工程还是举办节日演出，其目的全是为了巩固民主政治，改善广大公民的物质文化生活，促进工商业的发展，以及树立雅典的光辉形象来吸引希腊各邦的景仰和向往。

在雅典人纪念死去的战争英雄的一次集会上，伯里克利做了演讲："我们的国体之所以被称作民主，是因为权力不是被少数人，而是被所有人民所掌握。当私人纠纷产生时，所有人在法律面前一律平等。正像我们的政治生活是自由而开放的那样，日常生活中我们的人与人之间的关系也是如此……在这里每一个个人不但对他自己的私事感兴趣，也对整个社稷的大事感兴趣。"

美德是有吸引力的，它能使人立即产生身体力行的冲动，不仅模仿它能使观看者的性格得以形成，就连研究它也能提供行动的准则。古希腊道德家认为：喜怒不形于色，情感不惑于利是品德高尚的人应有的精神美。这种精神美曾完美地体现在伯里克利的精神世界里。他不仅具有高尚的情操、高雅的风度，而且举止庄重文雅，表情沉着严肃，说话声调柔和。有一次，伯里克利被一个毫无教养的人辱骂了一整天，他竟然忍耐着，一声不吭。到了傍晚，他从容不迫地走回家，那家伙仍在他后头，辱骂不休。他进屋时，天已经黑下来了，他就吩咐一个仆人打起火把，让他送那人回家去休息。

伯里克利去世以后，人们对他的功业相当怀念，常常谈起他的品德和才干，历数他的功绩。伯里克利是雅典奴隶主阶级的代表人物，毕生致力于经营奴隶主民主政治，扩张雅典的势力。他促进了雅典奴隶制经济、政治、军事和文化的繁荣，在历史上占有比较重要的地位。伯里克利倡导的泛希腊事业和建立雅典霸权的活动，是对盟国的勒索和压迫，但也有利于希腊世界的经济发展和趋于政治统一。然而，当时实现希腊世界政治统一的历史条件尚未成熟，以雅典一个城邦的力量并保持原来的城邦制度，是难以完成统一的大业的。伯里克利功败垂成。他死后雅典失去了坚强的领导，经过长期的反复的较量，终败于斯巴达和波斯的联合力量。

伯罗奔尼撒战争　改变希腊世界

当希腊民族刚刚踏入它的鼎盛时期之时，另一场更为惊心动魄的战争爆发了。这是一次同胞兄弟之间的自相残杀。战争的一方是以希腊海上霸主雅典为首的提洛同盟，另一方是以陆上霸国斯巴达为首的伯罗奔尼撒同盟。

雅典和斯巴达同属希腊城邦，它们的人民讲同一种语言，但在其他方面，两个城市则毫无共同点。雅典高高地矗立在平原之上，享受着徐徐而来的清新海风。雅典人习惯用孩子般热切好奇的目光，打量这个惬意的世界；而斯巴达坐落在峡谷的底部，高耸的群山环绕四周，成为阻挡外来事物和新鲜思想的天然屏障；雅典是生意繁忙的贸易之邦，是一个开放的大集市；斯巴达却是一座大兵营，人人秣马厉兵，公民的理想都是成为一个优秀的士兵；雅典人性格开朗，爱美爱智，喜舞文弄墨，奉行民主政治，立足于海上建立霸权；斯巴达人性格内向，纳言木行，尤爱舞刀弄枪，力倡寡头政体，立足陆上称王称霸。这两个城邦基于种种原因成为天敌。希波战争后，雅典人将保卫共同家园所焕发的精力，用于和平建设的目标。与此同时，伯里克利还时刻警惕着斯巴达的动向，他修筑了连接雅典与海洋的高大城池，使雅典成为当时防卫最坚实、最完备的堡垒。难怪那些严肃的斯巴达人会对雅典的成功报以满腔的恶意与仇恨。

伯罗奔尼撒战争是公元前431—前404年雅典及其同盟者与以斯巴达为首的伯罗奔尼撒同盟之间的战争。"伯罗奔尼撒战争"乃后人给予的称呼。

这次战争的目击者修昔底德在所著《伯罗奔尼撒战争史》中称之为"伯罗奔尼撒人和雅典人的战争"。

关于这次战争的原因，许多学者赞成修昔底德的论断，即由于雅典势力的扩张而引起斯巴达人的恐惧。斯巴达的同盟者科林斯与雅典之间的矛盾，在导致战争爆发的过程中起了重大作用。一度流行的观点认为，这次战争主要是由于科林斯与雅典的商业竞争，科林斯惧怕雅典向西方进行商业扩张所引起。这种观点近年来被认为不符合历史事实。

战争的爆发和第一阶段（前431—前421）公元前435年，科尔居拉与其母邦科林斯之间因对埃庇丹努斯的控制问题发生争执，两年后，科尔居拉与雅典结盟。公元前432年，提洛同盟成员波提狄亚退盟并得到伯罗奔尼撒同盟的帮助，雅典则派兵前去攻打。同年，伯罗奔尼撒同盟成员迈加拉与雅典发生争执。次年3月，斯巴达盟邦底比斯进攻雅典盟邦普拉蒂亚。5月，伯罗奔尼撒同盟对雅典宣战。战争的头十年史称"阿希达穆斯战争"，因战争爆发时在位的斯巴达国王的名字而得名。斯巴达人六度从陆上入侵并蹂躏阿提卡，雅典人依靠坚固的城墙和强大的海军，把农村居民移到城墙之内居住，频频从海上出击屡胜。公元前430年雅典发生大瘟疫，大批居民死亡，伯里克利也于公元前429年罹疾病故。公元前427年，雅典迫使退盟的米提利尼投降，并攻占波提狄亚。公元前425年，雅典占领斯法克特里亚岛，俘斯巴达公民约120名。翌年，斯巴达将领布拉西达斯率1 700名兵士进入哈尔基迪基，占领雅典的重要据点安菲波利斯。同年，雅典在德利翁一役中遭受巨大损失。公元前422年，雅典民主派领袖克里昂率所部与布拉西达斯在安菲波利斯城下激战，双方主将均阵亡。次年，战争双方签订为期50年的和约，因雅典主和派将军尼西亚斯的名字而称为"尼西亚斯和约"。其基本内容是大体维持战前状况。

战争的第二阶段（前415—前413）史称西西里战役。公元前415年，雅典人在阿尔基比阿德斯鼓动下，介入西西里岛希腊城邦之间的争端，标志伯罗奔尼撒战争进入了新阶段。公民大会决定由阿尔基比阿德斯、尼西亚斯和拉马科斯共同负责指挥远征军。军队到达西西里岛不久，阿尔基比阿德斯就因与捣毁赫尔墨斯神像案有牵连被控犯有渎神罪，被召回雅典候审。回雅典途中他逃到斯巴达，向当局提出挫败雅典的重要建议。斯巴达按照他的意见，于公元前414年派兵支援叙拉古。公元前413年秋，雅典远征军全军覆没。这次战役损失战舰200余艘，海军3.5万人。同年，斯巴达又派陆军常驻德凯利亚，不断对雅典进行骚扰。在西西里的惨败使雅典元气大伤。接着，雅典在爱琴海的盟邦纷纷背离。军事形势的恶化伴随国内政治斗争的激化，导致公元前411年发生政变，民主政体被推翻，建立了以400人会议为首的寡头政治。次年，民主政体重建。此后，雅典虽然在小亚细亚沿岸及黑海海峡附近的海战中数度取胜，但斯巴达却得到波斯资助再建海军。公元前405年斯巴达将雅典180艘舰船诱入赫勒斯滂海峡，突然袭击，雅典舰队全军覆没，标志着雅典海上霸权丧失殆尽。公元前404年4月，在斯巴达军队海陆两面围困下，雅典宣告投降。和约规定，雅典解散提洛同盟，参加伯罗奔尼撒同盟，拆毁雅典城通往比里尤斯港的长墙，仅保留12艘军舰，放弃海外领属。

　　伯罗奔尼撒战争期间，参战的希腊各城邦之间及各城邦内部阶级矛盾和社会矛盾均趋激化。雅典大量奴隶逃亡，奴役具有其他城邦公民身份的战俘的现象普遍出现，雇佣兵数量大增。公民内部贫富分化加剧，民主派与寡头派的斗争残酷激烈（如公元前427年科尔居拉的内战）。战争使参战双方的多数城邦蒙受人力和财力的巨大损失，国力下降。波斯帝国得以插手希腊各邦的事务。胜利者斯巴达成为希腊的霸主。

　　伯罗奔尼撒战争给希腊世界带来前所未有的破坏，促使小农经济与手工业者破产，不少城邦丧失了大批劳动力，土地荒芜，工商业停滞倒闭。大奴隶主、大土地所有者、投机商人和高利贷者乘虚而入，大肆兼并土地、聚敛财富和奴隶，中小奴隶制经济逐渐被吞没，代之而起的是以大地产、大手工业作坊主为代表的大奴隶主经济。大批公民破产，兵源减少，城邦的统治基础动摇了。贫民过着衣不蔽体，食不果腹的生活，不满富人和豪强的统治。柏拉图曾经写道："每个城邦，不管分别如何的小，都分成了两个敌对部分，一个是穷人的城邦，一个是富人的城邦。"因此，在斯巴达、科林斯等城邦，都曾先后发生贫民起义，打死了许多奴隶主，瓜分了他们的财产。风起云涌的起义打击了奴隶主的统治，进一步加速了希腊城邦的衰落。伯罗奔尼撒战争不仅结束了雅典的霸权，而且使整个希腊奴隶制城邦制度逐渐退出了历史舞台。

这场战争，使得斯巴达称霸于全希腊，使其寡头政治得以推行，各邦民主势力同时遭到迫害。寡头政治的蛮横统治又引起各国的强烈不满，许多城邦起兵反抗，伯罗奔尼撒同盟趋于瓦解。接着，几个比较强大的城邦如底比斯、雅典又为争夺希腊霸权继续战争。公元前3世纪前半期，希腊境内战火不绝，各邦力量彼此消耗下去，后来终于被早已对其觊觎的外敌马其顿所灭。

伯罗奔尼撒战争在古代军事史上占有相当地位。对抗双方对海上通路的争夺，从海上对敌的封锁和侵入都达到了很大规模；夺取要塞创造了许多新方法，如使用水淹、火焚和挖掘地道等；方阵虽还是战斗队形的基础，但步兵能以密集队形和散开队形在起伏地机动行动；职业军人开始出现。这些都对希腊以及西欧军事产生了深远影响。

伯罗奔尼撒战争是一场非常残酷的战争，在战争期间内政与外交息息相关。雅典丧失了其强国地位，但战争的结束也给人们带来了许多新的希望，尤其人们希望和平和自由。色诺芬是这样来描述雅典的投降的："雅典接受和平条约后赖山德尔进入比雷埃夫斯。那些被流放的人回到了他们的家园，在笛子音乐的伴随下大家欣喜地开始拆除城墙，因为大家相信，从这一天开始希腊的自由开始了。""长墙"被拆除，提洛同盟被解散。

在雅典一个亲斯巴达的寡头政权上台（不过这个政权在前403年就又

被取消了）。在爱琴海上到处都设立了亲斯巴达的政府，斯巴达在各处驻兵。虽然科林斯和底比斯希望摧毁雅典，但雅典没有被摧毁，因为斯巴达不希望留下一个力量真空。斯巴达也有它自己的困难：它以自由和自主为口号介入战场，但却向波斯出卖了小亚细亚的城市。现在它又不想将这些城市让给波斯人，因此它不得不与波斯作战。波斯是这场战争中最大的得利者。波斯与斯巴达的战争一直到前386年才结束。这场战火从西西里岛到小亚细亚，牵涉了该地区所有国家参战的"古代世界大战"。过后希腊的经典黄金时代也结束了。前4世纪雅典虽然能够重建提洛同盟，但这个同盟与第一个同盟相比就逊色多了。但斯巴达的霸权也只持续了数十年，此后战前的形势也未能被恢复。在这个发展进程的最后出现了雄心勃勃的马其顿国王腓力普二世。

伯罗奔尼撒战争中，交战的双方都是非正义的。在争夺霸权的这场较量中，斯巴达能够获胜，只不过因为其内部矛盾比之雅典相对小些、简单些罢了。雅典人对自己的同盟者压榨过甚，也为他们自己埋下了祸根。斯巴达人用解放他们的口号，轻而易举地就争得了许多支持者。伯罗奔尼撒战争给希腊世界带来了空前的破坏。当敌人还在德凯利亚时，所有的雅典人不是在城墙上，就是在各个岗位上，站在武器的旁边。阿提卡农村的被占领、财产被掠夺、人力大批丧失，是雅典势力衰落的主要原因之一。战争对小农经济的毁灭性打击，摧毁了希腊文明的基础。作为城邦支柱的公民兵制度随着小所有者的没落而衰退，希腊城邦的末日已经不远，真是"天时不如地利，地利不如人和"。斯巴达人为了称霸希腊，不惜牺牲希腊的长远利益，同宿敌波斯联合对付提洛同盟，加速了雅典的失败，但因此而留给自己的日子也不多了。

诗王荷马　教化古希腊

　　强大的迈锡尼王国的土崩瓦解和野蛮的多利亚人的南侵，致使曾经辉煌一时的希腊文明倒退到无文字的原始状态。大约从公元前11世纪至公元前9世纪，希腊进入了所谓的"黑暗时代"。在这期间，希腊人丧失了他们的书写技能，可是人们的口头创作和记忆力却发展起来。在希腊广袤的土地上，行吟诗人们从一个村庄到另一个村庄，吟唱着民谣和质朴的短歌。大约在公元前9世纪左右，一位盲人诗人荷马运用民间流传的短歌材料，并重新作了加工、整理，唱出了传诵千古的史诗《伊利亚特》与《奥德赛》。《荷马史诗》因此成为我们了解这一时期的唯一的文字材料。所以，这一时代通常也称为荷马时代。

　　古希腊人一直将荷马及其史诗视作民族的骄傲，智慧的结晶，希腊文化的精华，肯定荷马本人及其作为两部史诗的作者的历史性。但丁更称荷马为"诗王"，但后世学者对于荷马是否确有其人，以及他的籍贯、生活年代、史诗是否他一人所作等一系列问题都有不同看法，形成"荷马问题"。荷马的生平无可靠记载。他双目失明，经常带着七弦琴在各地吟唱特洛伊战争英雄事迹的短歌。荷马既不是古希腊唯一的也不是最早的史诗诗人。他的功绩不在于首创史诗，而在于广征博采，巧制精编，荟前人之长，避众家之短，以大诗人的情怀，大艺术家的功力，创作了《伊利亚特》和《奥德赛》这两部瑰美的诗篇。

　　两部史诗都分成24卷，《伊利亚特》共有15 693行，《奥德赛》共有

12 110行。《伊利亚特》和《奥德赛》的故事梗概大致如下：史诗《伊利亚特》写的是希腊人围攻特洛伊城的故事。关于这次战争的起因，依据神话故事有两种说法：一是"从蛋说起"：特洛伊战争是为了争夺一个名叫海伦的希腊女子而引起的，海伦就是从蛋里孵出的。号称众神之父、万人之王的宙斯爱上了斯巴达的王后勒达，他化作天鹅与她结合生下个蛋，孵出了海伦；二是"引起纠纷的金苹果"：希腊英雄阿喀琉斯的父亲佩琉斯和女神忒提斯结婚时，邀请众神参加，唯独没请不和女神厄里斯，致使这位女神非常生气，她决意要挑起一场纠纷。所以她是不请自到，当婚宴开始时，她在宴会桌上抛下一个"金苹果"，上面写着"献给最美的女神"。当场就引起了三位女神：天后赫拉、智慧女神雅典娜、爱与美之神阿佛洛狄忒争夺"金苹果"的事端。

后来特洛伊的王子帕里斯把金苹果判给了爱与美之神阿佛洛狄忒。为了酬谢帕里斯，爱神帮助他把天下最美的女人——斯巴达王后海伦给拐走，从而引发了长达10年之久的特洛伊战争。《伊利亚特》以战争结束前50天的战事为描写的重点，以阿喀琉斯的愤怒为主线，描写了希腊联军与特洛伊人及其盟军在城墙下、海滩边的喋血苦战。史诗写道，战争已经打了九年零十个月，还是胜负难测，这时希腊联军因瘟疫发生内讧。瘟疫是联军统帅阿伽门农拒绝归还一个女俘所引起的，因为这个女俘是太阳神阿波罗祭司的女儿，祭司请求阿伽门农归还他的女儿而遭受拒绝，就祈求阿波罗惩罚希腊联军。瘟疫迅速在联军中蔓延，因此众将领要求阿伽门农归还女俘，免得瘟疫继续蔓延。阿伽门农在极不情愿的情况下归还了女俘，却不公正地夺走了原来分配给阿喀琉斯的女俘，作为他自己损失的补偿。阿喀琉斯在愤怒之下拒绝参战。在希腊联军中，只有阿喀琉斯才是赫克托耳的对手。他拒绝参战，结果希腊联军节节败退，最后只好退而固守海滨的战船，在那里构筑了防守性的壁垒。阿伽门农这时后悔自己对阿喀琉斯不公，只好派奥德修斯和另一位将领去向他求和。可是他愤怒未消，坚决

学生必知的古希腊文明

不答应出战。阿喀琉斯只是在特洛伊军队已经突破希腊联军的壁垒，纵火焚烧他们的战船的十分危急的情况下，才把他的盔甲和战马借给他的好友帕特洛克罗斯，让他前去应敌。帕特洛克罗斯虽然击退了特洛亚伊军队的攻击，但终为赫克托耳所杀，阿喀琉斯的盔甲也被抢走。这盔甲是他母亲忒提斯女神求匠神为他打造的。战友之死与盔甲的丢失，阿喀琉斯悲愤异常，而使他与阿伽门农和解，并且在他母亲请匠神为他重新打造盔甲后，重返战场。他战杀赫克托耳，最后遵照神意，将赫氏的尸体交还给他的父亲，年迈的普里阿摩斯。双方暂时休战，特洛伊人为赫克托耳举行盛大的葬礼。《伊利亚特》这部围绕特洛伊城的战斗的史诗，便在这里结束。

《伊利亚特》只写到赫克托耳的死为止，可是据《奥德赛》和古希腊的其他作品的描写，围绕特洛伊城的战争继续打了很久。后来太阳神阿波罗将帕里斯射出的箭引向阿喀琉斯，并射中他的脚踵，这是他的致命弱点，只有这个部位才能杀死伟大的英雄。为抢夺大英雄的尸体，希腊人和特洛伊人展开了残酷的厮杀。在保卫战中，联军中最勇猛的首领大埃阿斯出力最多，阿喀琉斯的盔甲本应奖给他，但奥德修斯却凭花言巧语打动担任裁判的特洛伊人而得到盔甲。大埃阿斯怒火中烧，悲愤自杀而死。最后奥德修斯献计造了一只大木马，内藏伏兵，特洛伊人把木马拖进城，结果希腊人里应外合，攻下了特洛伊城，结束了这场经历10年的战争。离开本土很久的希腊首领们纷纷回国，奥德修斯也带着他的伙伴，乘船向他的故乡伊塔刻岛出发。从而拉开了以奥德修斯在海上的历险为中心的另一部史诗《奥德赛》的序幕。

奥德修斯回乡的旅程很不顺利，在海上又漂泊了10年。史诗采取中途倒叙的方法，先讲众神在奥德修斯已经在海上漂游了10年之后，决定让他返回故乡伊塔刻岛。这时奥德修斯的儿子忒勒马科斯已经长大成人，出走打听长期失踪的父亲的消息。许多人都认为奥德修斯早已离开人世。当地的许多青年贵族觊觎他的财产，住在他的宫中，尽情地挥霍他的家产并向他的妻子佩涅罗珀求婚。佩涅罗珀百般设法拒绝他们，坚信奥德修斯不会死而且盼望他早日归来。奥德修斯在这10年间经历了许多艰难险阻：独目巨人吃掉了他的同伴，女巫喀尔刻用巫术把他的同伴变成猪，又要把他留在海岛上；他又到了环绕大地的瀛海边缘，看到许多过去的鬼魂；躲过女妖塞壬的迷惑人的歌声，逃过怪物卡律布狄斯和斯库拉后，他又被女神卡吕普索留了好几年；最后奥德修斯到了菲埃克斯人的国土，向国王阿尔基诺斯重述了过去9年间的海上历险。国王被他的经历感动，派船只送他踏上了归乡的旅程。

那些向他的妻子求婚的人还占据着他的王宫，大吃大喝。奥德修斯装扮成乞丐进入王宫，试探他的妻子，同他的儿子一起杀死那伙横暴的贵族，又残暴地杀死了不忠奴隶，和妻子重新团聚。

《荷马史诗》歌颂希腊民族的光荣史迹，赞美勇敢、正义、无私、勤劳等善良品质，讴歌克服一切困难的乐观精神，展示了热爱生活、肯定和追求人的现实价值的积极乐观的人本思想。这一切显示了希腊文化乃至整个西方古典文化的一个重要特征：重视生命对于个人的价值，具有很强的个体本位意识。

史诗以英雄主义为基调塑造人物，着力刻画英雄们的勇敢与强悍。但同时，荷马笔下的英雄人物并不是一个模式，而是每一个英雄人物都有自己的个性。黑格尔说过："《荷马史诗》中的每一个人都是圆满而富有生气的人，而不是某种孤立的性格特征的抽象品。"如阿伽门农刚愎自用，骄横傲慢，但也勇于自责；阿喀琉斯英勇善战，任性倨傲，但也富有爱心、友谊和同情心；奥德修斯足智多谋，意志顽强，但也极为狡猾奸诈；赫克托耳睿智缜密，深谋远虑而且具有大义凛然的英雄气概。

荷马是一位功底深厚、想象丰富、善于创新的语言大师，《荷马史诗》已达到了顶峰。有时，诗人把象征表述和明喻融为一体，使之更富细巧、隽永的艺术魅力。《荷马史诗》对古希腊人来说具有百科全书的性质，他们从中汲取知识，接受教育。所谓"荷马教化了希腊"的名言，即史诗的生命精神使希腊人学会了如何快乐地对待人生。

赫西俄德

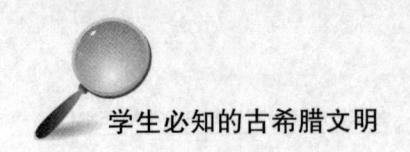

在这一时期的诗人除荷马外，赫西俄德也非常著名。他是位农民诗人，大致生活于公元前8世纪末至公元前7世纪初。他的代表作包括教谕诗《农作与时日》和《神谱》。他的创作风格和荷马非常相似，语言上有模仿《荷马史诗》的痕迹。他经常去海利肯山，按希腊神话的说法，海利肯山是缪斯的住地。赫西俄德自己说，有一天他在放羊时缪斯给予他写诗的本事。

赫西俄德的生活细节我们今天所知甚少，它们大多来源于他的诗。在他的诗《工作与时日》中他说他和他的兄弟为了遗产打官司，结果他输了。不过一些学者认为这个故事是赫西俄德编出来的，是他的长诗中对道德描述的一个引喻。此外他说他在卡尔息斯参加过一次诗人比赛，获得了一个三脚的鼎。普鲁塔克认为这是赫西俄德将他的实际生活与他的创作连到了一起。约公元前705年卡尔息斯与埃雷特里亚之间爆发了一场战争。赫西俄德在这次战争中扮演了一位卡尔息斯的英雄，后来的诗人在这个故事基础上又编造了赫西俄德与荷马比赛的故事。

赫西俄德创作了《工作与时日》和《神谱》两部史诗。《工作与时日》包括许多忠告和理智的东西，它鼓励人们忠诚地工作生活，反对休闲和不公正。

与东方一些民族的神话相比，希腊神话的一个显著特点就是谱系分明，这一点当然主要应归功于赫西俄德。在《神谱》这首长诗中把民间流传的纷繁凌乱的原始神话缀集为具有内在一致性和连贯性的体系神话，将一幅清晰明白的种族血缘谱系和人间英雄根源呈现于后世人们的眼前。

今天赫西俄德的作品仍是研究希腊神话、古希腊农业技术、天文学和记时的重要文献。

时代巨变　萨福抒发情怀

在荷马和赫西俄德后兴起了抒情诗。抒情诗这一文学题材产生于希腊发生巨变的时代。公元前8世纪至公元前6世纪，史称古希腊历史的"大移民时代"，在这个时代，希腊社会处于急剧变化的时代，人们也不再满足于对诸神的回忆。他们渴望表现人的事业、情感、意志，于是，抒情诗便应运而生。抒情诗正好表达了那时人们的心理状态。在古希腊抒情诗中，成就最高的却是琴歌，是一种伴随着音乐的歌曲类诗体。琴歌可分为两种，一是独唱体，一是合唱体。

第十位缪斯——萨福

缪斯独唱体琴歌的代表人物是女诗人萨福（前612年—?）。萨福出身于贵族家庭，在少女时代就因在诗歌和政治方面过人的才华而崭露头角。她在雅典的民主派和贵族派的政治斗争中被迫流亡国外，后来在故乡莱斯博斯岛创建音乐学校，专授女弟子，教她们学习音乐、诗歌、舞蹈、仪态，甚至美容和服饰。许多人慕名而来，贵族把自己的女儿送往该校。她喜欢这些年轻美丽的女孩，不仅教授她们诗歌与音乐，闲暇之余热情教授她们恋爱艺术。心中的诗情在朝夕相处中转化为深深的爱恋，使她与女弟子们在那片芬芳之地上绽放出艳丽的同性之爱的花朵，从而使萨福的名字成为现代女同性之爱的象征。现代英语Lesbian（女同性恋）一词就是来源于Lesbos（莱斯博斯岛）。她的许多诗篇都是对女弟子学成离别或嫁为人妇时表达相思之情的赠诗。她一共创作了9卷诗，但留存下来的只有两首是完整的，其余都是一些残篇。萨福的诗艺很高，语言艳丽无比，情调伤感，感情真挚，题材上多描写缠绵悱恻的爱情。在目前仅存的诗篇中已经能够看出她娴熟运用暗喻（不像荷马时代多用明喻）这种现代诗歌的技巧，使诗歌形象和内在含义更为丰富和饱满，如她描写鸽子："它们的心渐渐冷却／任双翅垂落下来"，意象优美而凄婉，镶嵌着她难以述说的某种落寞情怀；又如在《战车和骁骑》的诗中，除了具体所指外还暗喻着男人。此外，有时她的诗歌又像浪漫主义时期的抒情诗，将大自然的风物、山川用来象征自己微妙心绪。总之，萨福的诗温婉典雅，真情率性，大多以人的爱和欲望为主题——不同于她以前的诗歌是以神作为歌吟的对象——诗中充满了爱的劝喻、爱中的甜美与痛苦或两者相互交织的情愫，以及弥漫着怜悯和嫉妒的悲鸣之声。读她的诗歌，犹如冒险去远航。她的许多诗作均于1703年在罗马和君士坦丁堡被公开焚毁。然而在古代希腊世界，萨福的地位极高，有人曾把她同荷马相比，说男诗人中有荷马，女诗人中有萨福；曾被柏拉图称为"第十位缪斯"。

萨福的诗体是独创的。西方诗歌史上把这种诗体称之为"萨福体"。它们是独唱形式的——荷马时代和古希腊悲剧中有许多是歌队的集体合唱——诗体短小，以抒情和倾诉内心情怀为主，音节更为单纯、明澈。在"萨福体"的格律中，每一节分为四行，每一行中长短音节在相对固定中略有变化，前三行有点像荷马时代的六韵步诗体，第四行则音节简短，显得干脆明快。相传，与萨福同时代的雅典著名的立法改革者梭伦，当他在一次宴会上偶然听到他的侄子朗诵萨福的诗篇时，完全为之倾倒，叫他的侄子赶快教他并说"如果我学会了她的音律，可以死而无憾了"。

传说萨福最终却还是为了一位英俊的青年男子殉情而死。他名为法翁，是莱斯博斯岛上一名船夫。法翁长得即丑陋又苍老，常年在大海间飘荡。一天来了一个老态龙钟的干瘪老太婆，叫法翁把她摆渡到小亚细亚去。法翁把这位老太婆送到目的地，但却分文未取。实际上这位老太婆是爱与美之神阿佛洛狄忒装扮的，她见法翁如此地善良，就送给他一盒软膏，叫他往身上抹。当法翁把软膏抹到脸上和身上后，他立刻变成一位年轻英俊的美男子。他身背弓箭，长发飘逸，他的俊逸潇洒征服了许多年轻貌美的女子。萨福对他更是一见钟情，他们很快坠入爱河。但不久法翁开始讨厌萨福，开始对她冷漠无情，视萨福疯狂的爱而不顾，致使萨福哀痛不已，坠崖沉海而去。时年仅35岁。

白羽天鹅

至于合唱体琴歌，成就最高的诗人是品达（前518—前442），他也是最后一位抒情诗人。他生于底比斯，自幼受良好的教育，因而熟悉古代神话和英雄传说，且会吹笛子和弹奏竖琴，精通诗歌韵律。他有"白羽天鹅"之称。品达站在两个时代和两种文艺风格的界限上——一方面是抒情诗，另一方面是戏剧。他一生共创作诗歌17卷，现存4卷完整的《竞技胜利者颂》（共计45首诗），足以显示他作为古代希腊最伟大诗人的地位。据说他成为大诗人的经历比较独特：有一次外出时，他在路边睡着了，蜜蜂飞到他的嘴边吐蜜，所以他的诗也变得像蜜一样甜美动听。品达的诗已从抒发个人感情的抒情诗转变成为伴着音乐、舞蹈合唱的抒情诗。其诗作多半是宫廷颂诗和歌颂神、歌颂奥林匹克运动的，也有讴歌萨拉米战役、繁盛城邦的作品，表达爱国热忱、英雄豪情和道德教诲。像古代大多数诗人一样，他居无定所，常在外游历，到过很多地方，最后死于阿哥斯，其骨灰由女儿们护送回家乡安葬。公元前335年，马其顿亚历山大攻入底比斯，下令将全城夷为平地，妇孺卖为奴隶。但因品达曾写诗颂扬马其顿，也有说是亚历山大大帝敬重他，所以他的住宅和后代幸免于难。

学生必知的古希腊文明

伊　索

　　伊索（前620—前560）古希腊寓言作家，也就是2500多年前出生在希腊。伊索童年期是一个哑巴，只能发出奇怪的声音，用手势表达他的意思，再加上他长得又矮又丑，邻居都认为他是个疯子。但是他的母亲非常爱他，时常讲故事给他听；他的舅舅恨这个又矮又丑的外甥，常常强迫他在田里做最艰苦的工作。母亲去世后，伊索跟着曾照料过他的老人，离家到各地去漫游，因此学到了许多有关鸟类、昆虫和动物的故事。他们在一起度过了好多年快活的日子。

　　有一天，伊索梦见了幸运女神向他微笑，并把她的手指放进他的嘴里，放松他的舌头。醒来后，他意外地发现自己已经可以说话了。后来，伊索被牧羊人卖了，从此就成了雅德蒙家的一个奴隶，曾被转卖多次。伊索虽然长相奇丑无比，但因为富有智慧，聪颖过人，曾经靠机智救朋友和主人的急难。凭机智避免敌人的伤害，解除奴隶的桎梏，最后获得自由。成为自由人后，伊索四处漫游，为人们讲述寓言故事，深受古希腊人民的喜爱。公元前5世纪末，"伊索"这个名字已为古希腊人所熟知，古希腊寓言开始都归在他的名下。

　　他游历了当时希腊各地，在萨迪受到吕底亚国王克洛伊斯的重用。后来作为克洛伊斯的使者前往德尔斐，被当地居民指控"亵渎神灵"，攻击权贵，被投到岩下而死。他死后德尔斐流行瘟疫，德尔斐人出钱赔偿他的生命，这笔钱被老雅德蒙的同名孙子领去。

　　伊索并没有写下他的寓言，他完全凭记忆口授。全世界家喻户晓的《伊索寓言》是后人根据拜占庭僧侣普拉努德斯收集的寓言以及陆续发现的古希腊寓言传抄编订的。其中大多以动物为主：有的用豺狼、狮子等比喻人间权贵，揭露其残暴、肆虐的一面；有的则总结人们的生活经验，教人处世原则。其形式简洁精练，内容隽永深奥，寓深刻的道理于浅显生动的语言中，颇耐人寻味。著名的故事包括"狮子和老鼠""狐狸和仙鹤""披着羊皮的狼"和"狐狸和葡萄"等。

文学之巅　古希腊悲喜剧

希腊古典文学的最高成就是它的悲剧和喜剧，这是民主制的产物，因此戏剧也成为希腊留给世界文明的最宝贵的财富。希腊戏剧主要分为悲剧和喜剧两种。它们都起源于祭奠酒神狄俄尼索斯的活动。悲剧的原意是"山羊歌"，约形成于公元前5世纪初，由古代希腊酒神节祭祷仪式中的酒神颂歌演变而来。最初由一个演员讲述故事，伴以歌队演唱。后发展为三个演员登台演出。演员戴面具，穿高底靴，女角由男演员扮演。多取材于《荷马史诗》或神话和英雄传说。喜剧的原意是"狂欢歌舞剧"，起源于酒神祭奠的滑稽剧。希腊喜剧一般由6个部分组成:开场、进场、对驳场、评议场、插曲和退场。它的取材与悲剧不同，大多取材于当时社会的实际生活，是政治和社会讽刺剧，常用诙谐和幻想的形式评论时事，讽刺人物，以揭露社会不良现象，因此更加贴近生活，更自由放荡，甚至粗俗不羁，显得世俗而轻松。

古希腊的悲剧之所以具有世界历史的意义，主要是：在内容上，其想象力极为丰富，并且在处理问题上具有一定的哲学高度；在形式上，悲剧既有史诗的精炼，又不失语言的丰富与华美。

希腊的悲剧主要不是写悲，而是在于表现崇高壮烈的英雄主义思想。亚里士多德认为，希腊悲剧描写的是严肃的事件；目的在于引起怜悯和恐惧，并导致这些情感的净化和升华，主人公往往出乎意料地遭到不幸并酿成悲剧，从而使人体验到一种崇高感。最著名的三大悲剧家及喜剧家的作品，表现了他们在古典文明由盛趋衰过程中，对人与历史命运的不同思索。

"悲剧之父"埃斯库罗斯

"悲剧之父"埃斯库罗斯（前525—前456）曾参加马拉松之战和萨拉米斯海战，是古希腊最伟大的悲剧作家，被誉为"悲剧之父"。他对古希腊悲剧最大的贡献是在表演中引入了第二个演员，从而开始了真正的戏剧对话，为戏剧情节的发展和戏剧道白的丰富多彩提供了可能和便利条件。同时他又是第一个采用三部曲和布景、舞蹈、高底靴的人。因而被誉为希腊悲剧的创始人。他的语言、风格和使用的希腊神话中的故事也深深地影响了后人。埃斯库罗斯一生创作剧本共70部，得奖13部，其中只有7部传世。他的作品感受民主制方兴未艾时的昂扬精神，勇于对严酷命运抗争、搏击的斗志，体现人性的悲壮与崇高。《波斯人》写波斯海军在萨拉米斯海战的覆灭，指出自由与独立的理想是希腊人胜利之本，波斯的专制与奴役必遭惩罚。《被缚的普罗米修斯》塑造了一位为人类盗取天火而被钉在高加索山上的提坦神，他不畏宙斯的残暴王权，为人类进步勇于斗争、不怕牺牲，马克思称赞他是"哲学的日历中最高的胜者和殉道者"。这一杰作实质上以神话寓意方式，将雅典的民主斗争提升到关系人类命运的高度。

《俄瑞斯忒亚》三连剧（《阿伽门农》《奠酒人》和《复仇女神》）无疑是诗人的作品中的翘楚，也是流传至今的唯一一部完整的古希腊三连剧。故事以阿耳戈斯国王阿特柔斯家族的世仇为背景：《阿伽门农》以探哨的瞭望开场，歌队讲述了阿特柔斯之子迈锡尼国王阿伽门农杀女祭神的经过，凯旋被王后克吕泰墨斯特拉和奸夫所杀；《奠酒人》阿伽门农之子俄瑞斯忒亚回国，靠其姐帮助先杀了埃吉斯托斯，经犹豫复杀其母因而遭复仇女神追逐;《复仇女神》描写俄瑞斯忒亚按照阿波罗的指令前往雅典，求雅典娜女神帮助。当俄瑞斯忒亚被复仇女神指控后，经法庭审判，定罪票和赦免票持平，雅典娜最终投票赦免被告。这个三部曲的基本主题是反映父权制对母权制的斗争和胜利。埃斯库罗斯是整个古希腊戏剧的第一位大师，对整个西方戏剧艺术的发展产生了深远的影响。埃斯库罗斯的悲剧大都取材于神话传说，其结局以"不详"之兆揭示"命运"之必然，被人称为"命运悲剧"。

"戏剧艺术的荷马"索福克勒斯

"戏剧艺术的荷马"索福克勒斯（前496—前406）雅典民主全盛时期的悲剧作家，是伯里克利的好友，曾任雅典十将军之一。索福克勒斯主宰雅典戏剧界达30年之久，被誉为"戏剧艺术的荷马"。他在27岁首次参加悲剧竞赛，即战胜了埃斯库罗斯，一生得过24次戏剧奖。阿里斯托芬称赞他"生前完满，身后无憾"。索福克勒斯一生共写过123部戏剧，却只有7部传世，成就最高的是《安提戈涅》和《俄狄浦斯王》。其中《俄狄浦斯王》被认为是古希腊悲剧的典范——"命运悲剧"。它取材于希腊神话传说中关于俄狄浦斯杀父娶母的故事。太阳神曾喻示，忒拜城国王拉伊俄斯因其先前的罪孽必死于儿子之手。为了逃避命运，儿子一出生，拉伊俄斯刺穿了儿子的脚踝，并将他丢弃在野外等死。然而奉命执行的牧人心生怜悯，偷偷将婴儿转送给科林斯国王的牧人。牧人把弃婴抱回交给国王和王后，由他们当作亲生儿子般地抚养长大。俄狄浦斯长大后，因为德尔斐神示的神谕说，他会弑父娶母。不知科林斯国王与王后并非自己亲生父母的俄狄浦斯，为避免神谕成真，便离开科林斯并发誓永不再回来。俄狄浦斯流浪到忒拜附近时，在一个岔路上与一群陌生人发生冲突，失手打死4人，其中就包括他的亲生父亲。当时的忒拜城被狮身人面兽斯芬克斯所困，因为她会抓住每个路过的人，如果对方无法解答她出的谜题，便将对方撕裂吞食。忒拜为了脱困，便宣布谁能解开谜题，从斯芬克斯口中拯救城邦的话，便可获得王位并娶国王的遗孀为妻。后来正是由俄狄浦斯解开了斯芬克斯的谜题，解救了忒拜。他继承了王位，并在不知情的情况下娶了自己的亲生母亲为妻，生了两儿两女。后来，忒拜城发生瘟疫，神谕说必须把杀死先王的凶手驱除出境，瘟疫才能结束。俄狄浦斯于是下令查处，最后发现追查的对象正是他自己。真相揭示后，生母自杀，俄狄浦斯悲愤欲狂，用手戳瞎自己的双眼，再也不想看到这丑恶的世界，自我流放他乡。索福克勒斯不仅写出了人与命运的冲突，更为人们塑造了一个急公好义、勇于承担责任的城邦统治者的形象。对于这样一个为人民、为国家做了无数好事的英雄所遭受的厄运，剧作家深感愤慨，发出了对神的正义性的怀疑，控诉命运的不公和残酷，赞扬主人公在跟命运斗争中所表现出来的坚强意志和英雄行为。因此，尽管结局是悲惨的，但这种明知"神示"不可违而违之的精神，正是对个人自主精神的肯定，是雅典民主派先进思想意识的反映。如果说，悲剧的目的在于通过把好的东西毁灭给人看，从而在人们的心中引起恐惧和怜悯，达到净化人的心灵的目的，那么《俄狄浦斯王》不愧为悲剧的典范之作。索福克勒斯的悲剧虽然仍取材于神话传说，但对人的刻画已相当注重独特的个性，故也被人称为"性格悲剧"。

"心理戏剧的鼻祖"欧里庇得斯

　　"心理戏剧的鼻祖"欧里庇得斯（前485—前406）雅典奴隶制民主国家危机时代的悲剧作家。他在自己的作品中提出了许多问题，包括神性与人性、战争与和平、民主、妇女问题等等。欧里庇得斯所处的时代是雅典由表面繁荣逐渐走向动荡的时代。伯罗奔尼撒战争爆发后，各种社会矛盾日益尖锐，信仰危机和道德沦丧现象出现。在欧里庇得斯的戏剧中，可以清晰地感到剧作家对希腊政治现实的怀疑态度。他一生共创作了80余部悲剧，有18部传世。其中最优秀的包括《美狄亚》《特洛伊妇女》等。《美狄亚》被认为是古希腊最动人的悲剧之一，也是西方文学中第一次把妇女作为主要角色来塑造的作品。美狄亚是希腊神话中一个敢爱敢恨的女性。为了和伊阿宋相爱，她背叛了父亲帮助伊阿宋盗走金羊毛，后来又杀死前来追赶他们的弟弟。回到自己的国家后，美狄亚帮助伊阿宋惩罚了不守承诺的叔父国王，他们也因此逃到科林斯。在那里，他们的生活幸福美满，并生了两个儿子。但伊阿宋变了心，为了追求享乐和前途，他抛弃了美狄亚，要做科林斯国王的女婿。这激起美狄亚的愤怒，她起初和伊阿宋争吵，后来假意与他和解，派人把浸沾毒药的礼服送给新娘，新娘穿上礼服后，立即浑身着火，倒地化为灰烬。为了惩罚伊阿宋，使他断子绝孙，美狄亚在痛苦中杀死了她亲生的两个儿子。自己乘龙车逃往雅典。回到家的伊阿宋悲痛至极，拔剑自刎，死在了自己住屋的门槛上，即未当成国王，还失去了后代。美狄亚使用极端残酷的方式报复了伊阿宋的不忠，但这正是那个社会把她逼到这一地步。欧里庇得斯揭露和批判了当时雅典社会的男女不平等，谴责了一些男子的喜新厌旧和蔑视女性，因而具有巨大的现实意义。到了现代，他的作品更是成为女权主义者的"圣经"。由于欧里庇得斯的悲剧大都以爱情为重要推动力，且善于对人物性格、命运作奇异处理，所以称他的悲剧为"爱情创奇悲剧"。

古希腊的"悲剧"先于"喜剧"而产生，或许与每个民族的心理承受相适应。当悲剧形态走向世界，当悲剧精神在后世发光时，社会人士的不完美得到揭示，苦难的警钟开始敲响；人对神的、命运的、自身局限的挑战也拉开了序幕。哭泣过，再欢笑，这欢笑才更灿烂。

阿里斯托芬

阿里斯托芬（前448—前380），富有人道主义理想和批判精神的古希腊最杰出的喜剧作家。约著有44部剧作，但只有其中11部流传下来。阿里斯托芬的作品开阔地展现当时希腊的政治、经济与思想文化各领域的生活画面，以戏谑怒骂之笔针砭时弊、剖视危机、表达社会理想。公元前424年，他的第一部戏剧《阿卡奈人》上演时，便已表现出对雅典战争政策的批判倾向。提倡诸城邦和平相处的泛希腊爱国主义。稍后，他又上演了《骑士》《云》《妇女公民大会》等一系列对雅典当时的社会富有批判精神的作品，丑化雅典的政治领袖及智者派人物。在战争末期和战后，他在《鸟》中以动物喜剧方式，提出建立一个无压迫、共劳动、平等生活的理想国；在《财神》中他深刻地揭露了财富分配不均、贫富急剧分化的严峻社会矛盾。阿里斯托芬的喜剧艺术是现实主义的，而他所采用的手法则是极其夸张的。他创作的特点是：题材的丰富广泛、构思的别出心裁、形式的完美、语言的机智，善于使用谐音字，并运用民间朴素生动的语言，配合着城市的文雅语，台词灵活生动。他的戏剧即有对恶人、蠢材的嘲弄，也有对和平、劳动、善良人性与美好理想的讴歌。海涅说过，阿里斯托芬的喜剧像童话里的一棵树，上面有思想的奇花开放，有夜莺歌唱，也有猢狲爬行。真可谓是悲剧、喜剧和抒情诗的融合。

悲剧那令人荡气回肠的悲壮情节似乎让民众太过于伤心了；喜剧则让民众获得一种放松，在嬉笑怒骂中获得庄严的启示。两者虽然方式不同但却殊途同归。

学生必知的古希腊文明

群星璀璨　展演说家风采

　　修辞学和演说也是希腊文学的一个重要方面，人们称赞它是文学宝库中的异宝。雅典民主制度的兴起使得用于政治讲演和法庭上答辩的演说及修辞成为一门重要的学术内容。早在荷马时代，演说术就已经开始萌芽。到公元前5世纪，雅典民主得以重建，政坛群星璀璨，交相辉映，希腊的演说术也进入黄金时代，出现了以吕西亚斯、伊索克拉底、德摩斯梯尼等为首的十大著名演说家，留下了大量珍贵的演说词。

"修辞艺术家"吕西亚斯

　　吕西亚斯（前444—前380）出生在希腊东南部港市比雷埃夫斯一个显赫而富裕的家庭，其父是以铸造盾牌而远近闻名的武器制造商，曾被伯里克利邀请到雅典居住。柏拉图《理想国》中的酒宴，就是在吕西亚斯的哥哥家里举行的。吕西亚斯生活在希腊大动荡时期，在父亲去世后便和哥哥移居到西西里的图利，在那里他师从于当时有名的修辞学家蒂西雅斯，之后他还曾跟随普罗塔哥拉系统地学习辩论技巧。公元前404年，由于雅典在伯罗奔尼撒战争中失败，民主政体被推翻，斯巴达支持的一个寡头政治傀儡政府——三十僭主上台执政。三十僭主政府没收了吕西亚斯家的财产，他哥哥被处死，他本人则逃亡到迈加拉。次年，民主制度恢复后，吕西亚斯一度获得雅典公民权，他便以这个身份对三十僭主中的埃拉托斯特

~ 084 ~

尼斯杀害其哥哥的罪行提出控告。这场控告成为他最著名的演说之一。之后，他以替人写法庭演说词为生，从而开始了他40余年讲授修辞学并代人撰写诉讼辩护词的生涯。最后，于公元前380年辞世。

由于吕西亚斯是外邦人，当时的希腊不允许外邦人在公众大会或法庭上演讲，因此他的雄辩天分便在为他人撰写演说词上得到充分发挥。吕西亚斯写出了近400篇法庭演讲词，其中有23篇被完整地保留了下来。此外，吕西亚斯还撰写了一篇葬礼演说和一篇政治演说。在他的大部分著作中都流露出对民主制的推崇与偏爱，对寡头政治执政者的深恶痛绝。吕西亚斯撰写演说词并不仅仅是为了赚钱，即使当事人付不起费用，他也十分乐意为特别感兴趣的案件写出精彩的辩护词。为此，乔治·肯尼迪称其为"修辞艺术家"。

吕西亚斯为修辞学做出了两大贡献，其一是他创立的简洁明快的散文风格，这种风格成为公元前5世纪后期雅典散文的楷模。他多采用日常生活中的常用词语，避免使用诗的语言和众多演说家所钟爱的隐喻、夸大等修辞手法。他唯一使用的当时盛行的修辞手法就是排比。他的修辞造诣很深，加之精于掩盖自己的修辞技巧，因而文章读来"自然而不枯燥，朴实而不乏味"；他的贡献之二是在演说中注重展现演讲者的品格与德行。他认为演讲者本人的人格是演说中不可或缺的元素，尤其在当时法庭辩论大多建立在偶然性基础之上，人格的感召力便在演说中具有无可比拟的力量。撰写演讲词时只有将演讲者的感情、态度、性格及语言特色等融入其中，才能增加真实性、说服力和感染力。而且也有效地弥补了早期修辞手册中所介绍的那些刻板的辩论模式，并能够成功地激发演说者与听众的感情，而产生共鸣。

演讲教育家伊索克拉底

伊索克拉底（前436—前338），希腊古典时代后期著名的教育家。他出身雅典富裕奴隶主家庭，是智者普罗泰哥拉和高尔吉亚的学生，与苏格拉底亦有师生关系。他本来有志成为一名演说家，因嗓音沙哑，故师承智者派的教育传统，一生主要教授修辞学和雄辩术，以培养演说家为己任。公元前392年，他在雅典吕克昂附近创设第一所修辞学校，这是古希腊最著名的学校之一。伊索克拉底认为，一位优秀的演说家必须是一个知识渊博的人，因而在他的学校里，教授各种有用的知识，除修辞学之外，还教授文学、哲学、历史、法律等，他的许多学生都成为演说家、政治家。在全希腊的重大演讲比赛中，他的学生多次获胜。由于其教学切合社会和学生的实际需要，教学成绩斐然，希腊各地乃至东方国家的青年纷纷前往就学，伊索克拉底因此成为古代最成功的专业教师。

伊索克拉底一生写了许多演说词，他的演说词注重说理，用词精雕细刻，多半是抒发自己政见的政论性文章、修辞学论文及法庭辩论。其中最有名的是《全希腊盛会献词》，伊索克拉底花费了近10年的时间经过仔细推敲才写成，发表于公元前380年，号召在全希腊实现和平，共同对付希腊的宿敌波斯。但在当时希腊各邦忙于争夺霸权，竞相讨好波斯的大背景下，他的政治观点并不受欢迎，精心撰写的演说词无人回应。人们更欣赏的是他的风格，语言简洁准确，流畅和谐，同时还讲究散文的节奏。他重彩炼句的文风也深深地影响了希腊史学，公元前4世纪希腊史学中出现了修辞学派。他的这种风格也成为拉丁语散文和后世欧洲散文的基础。

最著名的演说家德摩斯梯尼

德摩斯梯尼（前384—前322）的父亲是富有的雅典公民，在他7岁时就已去世。监护人肆意侵吞了他的财产，到他成年时留给他的还不及他应得的十二分之一。为了索回遗产，德摩斯梯尼把监护人告上法庭。在法庭上，他的控诉结结巴巴，词不达意，因而受尽了冷嘲热讽，结果败诉。德摩斯梯尼下定决心要用自己的力量讨回公道，因此他向雅典著名的演说家、擅长撰写遗产讼词的伊塞学习演说术。

　　德摩斯梯尼天生口吃，嗓音微弱，还有耸肩的坏习惯。在常人看来，他似乎没有一点当演说家的天赋，因为在当时的雅典，一名出色的演说家必须声音洪亮，发音清晰，姿势优美，富有辩才。为了成为卓越的政治演说家，德摩斯梯尼做了超过常人几倍的努力，进行了异常刻苦的学习和训练。他最初的政治演说是很不成功的，由于发音不清，论证无力，多次被轰下讲坛。为此，他刻苦读书学习。据说，他把《伯罗奔尼撒战争史》抄写了8遍；他虚心向著名的演员请教发音的方法；为了改进发音，他把小石子含在嘴里朗读，力求吐字清晰准确；为了使声音洪亮，他经常来到海边，迎着大风和波涛大声讲话；为了去掉气短的毛病，他一边在陡峭的山路上攀登，一边不停地吟诗；他在家里装了一面大镜子，每天对着镜子研究各种举止动作和面部表情；为了改掉说话耸肩的坏习惯，他在头顶上悬挂一柄剑或悬挂一把铁叉；他把自己剃成阴阳头，以便能安心躲在地下室里练习演说。德摩斯梯尼不仅训练自己的发音，而且努力提高政治、文学修养。他研究古希腊的诗歌、神话，背诵优秀的悲剧和喜剧，探讨著名历史学家的文体和风格。柏拉图是当时公认的独具风格的演讲大师，他的每次演讲，德摩斯梯尼都前去聆听，并用心琢磨大师的演讲技巧……与监护人的财产纠纷延续了5年，在此期间，他发表了5篇演说词。法庭上的胜诉使德摩斯梯尼成了著名的律师，不久便投身于政治生涯。德摩斯梯尼的演说词都是经过精心雕琢的，文句富有韵律美。演讲气势宏大，铿锵有力，结构紧凑流畅，极具说服力，因此他很快就成为一位出色的演说家。他的著名的政治演说为他建立了不朽的声誉，他的演说词结集出版，传世作品共有61篇，成为古希腊雄辩术和散文的典范，打动了千千万万读者的心。

　　当德摩斯梯尼登上雅典政坛的时候，正是马其顿王国在国王腓力二世的治理下迅速崛起、四处扩张之时。在对待马其顿的态度上，希腊内部分为两派，一派是伊索克拉底为代表的亲马其顿派，寄希望于腓力二世远征波斯，以拯救希腊；一派是以德摩斯梯尼为主要代表的反马其顿派，他坚信只有唤醒雅典人顽强不屈的精神，才能使雅典得到救赎。德摩斯梯尼多次登上公民大会的讲坛，声讨腓力二世。他发表了5篇反对腓力的演说，其中以公元前341年发表的《反腓力演说词》最为著名，在这篇演说中，他大声疾呼："当雅典的船尚未覆没之时，船中的人无论大小都应动手救亡。一旦巨浪翻上船舷，那就一切都会同归于尽，一切努力都是枉然。"据说，当腓力读到这篇演说词时，竟然说："如果我自己听德摩斯梯尼的演说，我自己也会投票赞成选举他当我的反对者的领袖。"这篇充满爱国激情、富有说服力的演说产生了作用。公民大会决定派出使节联络友邦，德摩斯梯尼也被派往拜占庭。由此可见，口才之利，足可左右民心。公元前340年，反马其顿同盟结成，援助拜占庭的希腊人打败了马其顿的舰队。随后，德摩斯梯尼被任命为海军部监。他立即开始整顿海军，还将剧院演出的一切费用都用作军费。德摩斯梯尼有一句名言："辞令的灵魂就是行动，行动，再行动。"他自己就是遵照这句话去做的。公元前388年，他以重装兵的身份参加了决定性的喀罗尼亚战役。由于内部的分裂，希腊失败了，从此，希腊失去了自由和独立。

公元前366年，腓力被刺身亡，欣喜万分的德摩斯梯尼身穿节日的盛装，头戴花环，出现在五百人会议上。公元前322年，反对马其顿的起义被镇压下去，马其顿人要求交出德摩斯梯尼。他不得不离开雅典，辗转逃避，流亡异乡，于公元前322年在一个小岛的海神庙内，服毒自杀。

德摩斯梯尼的演说词简练实用，中心突出，善于用比喻、转折之类的手法，并能根据不同情境而改变自己的演说风格，有时像吕西亚斯那样质朴，有时像伊索克拉底那样精致。有个故事说道：当听伊索克拉底演讲时，人们会说："多么精彩的演说！"但德摩斯梯尼说话时，他们会说："咱们行动吧！"古代将其列为十大演说家之首，可谓恰如其分。

史学之父　辟史记之先河

大约在公元前484年，希罗多德诞生在小亚细亚西南海滨的一座古老的城市。那是古希腊人早年向海外开拓时建立的一座殖民城市。希罗多德的父亲是一个拥有豪富的奴隶主，他的叔父是本地一位著名诗人。希罗多德从小学习勤奋，酷爱史诗。成年后的希罗多德随叔父等人积极参与推翻篡位者的斗争。斗争遭到镇压，他的叔父被杀，他被放逐。

希罗多德首先是一位大旅行家，大约从30岁开始，他开始了一次范围很广的旅游。每到一地，希罗多德都详尽地考察当地风土人情与历史，他的游历给他的历史写作以重大影响。他被西方称为"旅行家之父"。

公元前447年，希罗多德来到了希腊的政治、经济和文化中心雅典，他积极参加各种集会和政治文化活动，感受春花怒放的文化氛围，领悟理性与人文精神，并同政治家伯里克利、悲剧家索福克勒斯等人结下了深厚的情谊。他非常崇拜雅典的民主政治，对于以雅典为首的希腊城邦，在希波战争中打败奴隶制大国波斯的侵略，十分钦佩，他不停地向有关的人打听战争的各方面情况，收集了很多的历史资料。希罗多德认为，希波战争实际上是希腊文化和古代东方文化之间的冲突，不了解这两种文化的特征，就无法深刻理解这场文化冲突的真正因果所在。在伯里克利和友人们的鼓励和支持下，希罗多德决心写一部完整叙述希波战争的历史著作以流传后世，这就是史学名著《历史》，又名《希腊波斯战争史》。

希罗多德的《历史》是希腊史学史上第一部取材广泛、规模宏大、史料充实、内容丰富、史实与研究相结合的通史之作。后来亚历山大里亚的注释家将全书分成9卷，各以9位缪斯女神命名，后世又沿称它为《缪斯书》。全书按内容基本上分为两大部分。前4卷叙述了希腊城邦、波斯帝国小亚诸国以及埃及的历史、文化、地理、民族和风俗习惯等，并记述了希波战争爆发的原因。后5卷详细记述了希波战争的过程，包括马拉松之战、温泉关之战和萨拉米斯海战等可歌可泣的著名战役，和希腊人决战的胜利结果，从小亚细亚各希腊城邦举行反对波斯的起义，一直到公元前478年希腊人占领塞斯托斯城为止。虽全书显得松散、零乱，但这恰恰反映了希罗多德追本溯源、探索事物之间联系的意识，这是他与过去的史学家和其他作家的最大区别。《历史》是西方史学上的第一座丰碑，可以说希罗多德给西方史学做出前无古人的贡献。

其一，他开创了历史记述体的先河。古代的史书写作，大体有三种类型：以年代为中心的编年体；以人物为中心的纪传体；以事件为中心的记事体。在古希腊，编年体出现较早，其次是记事体，最晚是纪传体，但无记述体。希罗多德博采众家之长，在史话的基础上，以一件事为主线，把收集到的有关资料纳入一个完整的事件系统之中，这种以事件发展为经纬的编撰体例，被后来的修昔底德所接受、完善。

其二，《历史》为后世树立了客观求真治史的榜样。希罗多德是以希腊人身份著述"历史"的，他不仅盛赞希腊文化的辉煌，而且对各个民族的历史文化都一视同仁，明确指出这些古代东方各民族都有自己的长处，对所谓的"蛮族"文化应当给予充分的尊重，不应该互相抱有偏见或者相互歧视。他即斥责波斯人入侵希腊的不义之举，又对它的文化做了选择和歌颂。

其三，《历史》具有不可估量的史料价值。希罗多德从史诗、官府档案文献、石刻碑铭和当时多种著作中，获取了很多资料，更多的是利用他亲身游历和实地调查采访所获得的大量资料，内容丰富，非常生动地叙述了西亚、北非以及希腊等地区的地理环境、民族分布、经济生活、政治制度、历史往事、风土人情、宗教信仰、名胜古迹等，为我们展示了古代近２０个国家和地区的民族生活图景，宛如古代社会一部小型"百科全书。"

其四，希罗多德重视历史研究的训世教诲功用。他认为剖示国家兴衰、人事成败及其原因，可为后世提供教训。他崇尚民主、颂扬正义，认为雅典之所以获胜，是因为它实行民主政治，每个人都"尽心竭力"为自由而战。波斯之所以失败是它的专制制度。他还在《历史》中首次提到了"在法律面前人人平等"的口号。

其五，《历史》一书不仅具有重要的史料价值，而且具有高度的文学价值。希罗多德在搜集史料和考证史料方面是一位严肃认真、态度严谨的学者，而在叙事抒情方面又表现出诗人的风范，兼有学者和诗人两者之长。他用爱奥尼亚方言、采取散文的形式进行写作，词汇丰富、文笔华美；叙事简明扼要，文章晓畅可颂且有韵致；同时他还巧妙地运用了对比和故事插叙的描写手法，堪称语文大匠。特别是他对温泉关之战和萨拉米斯海战的描写，真是气势恢宏、有声有色，是古典历史名篇中的上乘佳作。

由于时代和阶级的局限，希罗多德的《历史》，许多地方还带有天命论和宿命论色彩，并且其中也夹杂了许多不足为据的神话传说和无稽之谈，但是，他首创了历史著作的体裁，并为后世保存了大量珍贵史料，其中有些已被近代考古学、人类学和历史学的研究或成果所证实。

希罗多德无愧于"历史之父"的光荣称号。

学生必知的古希腊文明

将军弃武　书写战争历史

"我修昔底德，雅典人撰写了这部由伯罗奔尼撒人和雅典人发动的希波战争的历史。我是在战争刚刚爆发时开始写作的，因为我相信这场战争将是伟大的战争，比先前发生的任何一场战争都值得撰述。"这是修昔底德在他的《伯罗奔尼撒战争史》卷首的开宗明义。

修昔底德（约前454—约前395）古代希腊历史学家。生于雅典一个富裕而显贵的家庭，他的父亲是雅典富有的公民，在当地居民中享有很高的声望。当时正是雅典的鼎盛时期，是全希腊的政治、经济和文化的中心。伯里克利的政治演讲，埃斯库罗斯、索福克勒斯、欧里庇得斯等人的戏剧，苏格拉底等智者诉诸理性、鄙弃宗教传统的思想，希罗多德的历史著作，菲狄亚斯等在雅典卫城的雕塑设计，对他都有着重大影响。公元前424年，他年方30岁，便当选为雅典十将军之一，率领一支由7艘战舰组成的舰队，驻扎在色雷斯附近的塔索斯岛。当斯巴达的军队围攻安菲波里斯的时候，他接到该城守将攸克利的求援后立刻率军增援，但在他到达之前城池已被攻破。当局认为他贻误战机、且有通敌之嫌，就将他革职并放逐。修昔底德从此放弃政治，专心致志于他的战史写作。在这以后的20年中他大部分时间栖居在色雷斯，一直注视着战争的进程，随时随地将之记录下来。直到公元前404年战争结束，20年后他才获得特赦，重返雅典。

流传至今的按编年体记事的《伯罗奔尼撒战争史》是修昔底德用30余年的时间编写的一部未完成之作，记述的事件止于公元前411年。修昔底德在自己亲身感受的基础上，依靠敏锐的观察力，发挥了卓越的写作才能之后才完成的。这部著作博大精深、前后一贯，是预先订好写作计划之后一气呵成的。因此各个部分上下衔接、首尾相连，其间有严密的逻辑性。它原先也没有分卷，后来的校注家们把它分成8卷。修昔底德善于借书中历史人物之口，用自己审时度势撰写的演说词阐述与伯罗奔尼撒战争有关的各种问题。

　　修昔底德的写作冲动，来自他对伯罗奔尼撒战争的深刻认识。战争刚一爆发，他即敏锐地觉察到这一事件的重大意义，开始注意收集一切有关资料。正如他在书中所说的那样："在这次战争刚刚爆发的时候，我就开始写这部历史著作，相信这次战争是一个伟大的战争，比过去曾经发生过的任何一次战争都更有记载的价值。我的这种信念是依据下列事实得来的：双方都竭尽全力来备战；同时我看到希腊世界中其余的国家，不是参加了这一边，就是参加了那一边；即使那些目前还没有参战的国家，也正在准备参战。这是希腊人历史上最严重的一次大动乱，同时也波及大部分非希腊人的地区，可以说，几乎全人类都将蒙受其影响……"

　　正因为修昔底德从战争之初就有这样的认识，所以他从一开始就十分用心地关注着战局的变化，注意收集和整理资料，并拟订了写作计划。等到战争结束，回到雅典，重新过上安定的生活之后，他就开始实施自己的写作计划。从这部著作的结构安排来看，修昔底德是想把那场延续了27年之久的伯罗奔尼撒战争当作一个完整的过程，严格地按照年代顺序加以叙述的。从以上的内容可以看出，修昔底德并没有最终完成自己的全部写作计划。他的叙述止于公元前411年，而且他叙述的最后一个句子是不完整的。人们由此判断：修昔底德可能是在著述的过程中猝然而逝的。有关伯罗奔尼撒战争最后7年（前411—前404）的史事，修昔底德虽然没有来得及叙述，但他完成叙述的部分已经占了战争全过程的五分之四。

　　修昔底德把当时希腊哲学（主要是"诡辩派"哲学）中追求真理的精

神和逻辑方法应用到了历史研究之中，强调历史研究必须坚持求实的原则、研究者必须坚持理智的和批判的态度，为后世的历史学家树立了光辉的榜样。

修昔底德用怀疑批判的眼光去看待他的前辈们，对纪事家们的作品和希罗多德的著作都进行过批评。他主张历史学不应该取悦流俗，而应该以叙述历史的真实为最高目标。他认为："要使自己的叙述与历史事实相符，要使一部历史著作成为不朽的传世之作，历史学家首先必须完全抛弃历史著作之中的神话和传说的因素，这是关键所在"；其次，历史学家必须尽可能地去亲身经历自己所记述的历史事件。正如他在第5卷中所说："我亲身经历了战争的整个过程，幸而我已成年，能充分了解这次战争的意义。为了明确地弄清这一系列重大的事件，我乃细心观察。事有凑巧，自从在安菲波里斯城下兵败之后，我便度过了20年流放的生活，得以密切地观察到交战双方的情况。而且因为自己闲着，便可以专心致志地对这些事进行深入的研究。"

在这个基础上，修昔底德提出了"历史就是当代史""历史的内容是刚刚发生过的政治事件"的著史原则，以他的《伯罗奔尼撒战争史》奠定了西方史学中政治叙事史传统的基础和基本模式，对此后西方史学两千多年的发展产生了极大的影响。同时他还根据"历史就是当代史"的原则，将较遥远的历史划归考古学。他认为"要准确认识有关遥远的过去，甚至我们这个时代以前的历史都是不可能的，因为它们在时间上距离我们太远了"，所以"应该由考古学家去研究"。

为了达到追求真实的目标，修昔底德还提醒历史学家们：不要轻信传闻，要对资料进行批判和考证，还要尽量避免先入为主的偏见。他自己就进行过大量的实地考察和文字考证工作，并且明确地写道："在叙事方面，我绝不是先入为主，一拿到什么材料就写；我甚至不敢相信我自己的观察就一定可靠。我所记载的，一部分是根据我亲身的经历，一部分是根据其他目击其事的人向我提供的材料。这些材料的确凿性，总是尽可能用最严格、最仔细的考证方法检验过的。然而即使费了心力，真情实况也还是不容易获得的：不同的目击者，对于同一件事情会有许多不同的说法，因为他们或者偏袒这一边，或者偏袒那一边，而记忆也不一定完全可靠。我这部没有轶闻奇事的史著，恐难引人入胜。但是，如果学者们想得到关于过去的正确知识，借以预见未来（因为在人类历史的进程中，未来虽然不一定就是过去的重演，但同过去总是很相似的），从而判明这部书是有用的，那么我就心满意足了。我的著作不是为了迎合人们一时的兴趣，而是要作为千秋万世的瑰宝。"他还写道，"我的责任是不相信任何一个偶然的消息提供者的话，也不相信在我看来很有可能是真实的事。我列举的事件，无论是我亲自参与的，还是我从其他与此有关的人那里得到的消息，都经过了对每一细枝末节精心备至的审核。"

修昔底德在书中提出来的这些关于"史料怀疑"和"史料批判"的原则，几乎已经达到了现代专业化的水平；与此同时，他在自己的写作过程中，也几乎完美地实践了这个原则。

修昔底德认为：叙述历史，就是要寻找历史事件之间的因果关系。在他看来，一切历史事件之间都有内在的联系；它们之所以会在某时某地发生，都有远因和近因，也有表面原因和根本原因；历史学家应当对它们进行区别分析，从而对纷纭复杂的历史现象作出合理的解释。

修昔底德在叙述战争过程和分析历史事件的因果关系时，很注意把经济因素放在比较重要的位置上。他考察了当时希腊的一些经济情况，记述了雅典与埃及等外邦之间的贸易情况，并特别指出了粮食贸易对雅典的重要性。在论述雅典的战时财政状况对战局的影响时，他曾强调指出："如果没有充裕的财库，要想支撑一个长期的战争是不可能的。"这些都说明修昔底德已经认识到了经济在历史发展以及社会兴衰治乱中的作用。

修昔底德写作《伯罗奔尼撒战争史》的目的，是想通过叙述这场战争给希腊世界造成的影响，以及雅典等城邦在战争前后的成败兴衰的变化过程，来垂训后世。"范例历史学"这个概念，是伊索克拉底在读了修昔底德的《伯罗奔尼撒战争史》之后提出来的，是他对这部著作的概括性评价。

垂训后世是他修史的目的。为了使自己的著作更有效地发挥"垂训"作用，修昔底德在整个叙述过程中十分注意克制个人的情感，尽量做到"客观"和"公正"。书中处处充满了冷静、理智的精神，处处以平实、白描的笔法描述人事的过程及其前因后果，尽量避免做过多的个人评价和文辞性渲染。在叙述敌我双方对同一件事情的解释时，他往往能够做到以相同的篇幅分配给双方，既不曲笔讳言，也不随波逐流；无论是敌方对雅典的种种指责，还是雅典对敌方的指控，他都照录不误。

修昔底德不仅在叙述史事时比较成功地克服了个人的情感，做到了"冷漠无情"，而且在评价史事时也能够遵守"客观"原则，按照一般的社会道德标准来判断人事的是非善恶。无论是雅典人还是外邦人，无论是雅典的朋友还是雅典的敌人，无论是对雅典有利还是对雅典不利，修昔底德评判过的人物和事件基本上都是比较公平的。

他对历史资料采取严格批判的态度，努力辨清真伪。他力图揭示历史事件之间的因果关系，对神谶和灵祥灾异之说持否定态度。这种批判精神使其著作具有材料可靠、思想深刻的特点，从而博得文艺复兴以后许多史学家的称赞。

正是因为修昔底德公平地、充分地叙述了史实，又以一般原则为标准进行了评判，因而使得他的著作赢得了很高的信誉，几乎没有人对他的记载表示过疑义。

继承开拓　色诺芬书远征

"真正征服一个国家，唯一途径就是通过宽容和慷慨。和平应该成为所有国家的奋斗目标，争端应通过外交手段来解决。"这是亲眼看见了战争的可怕后果的色诺芬得出的结论。

色诺芬（约前430—前354），古希腊历史学家、作家。出身于雅典的名门望族。他与他同时代的修昔底德有类似的经历和同样的遭遇。两位史学家都叙述了当时希腊所介入的军事行动，也都参加了他们所描绘的战争，并且都曾经被认定做出过对国家有害的行为而遭流放。但修昔底德被誉为客观主义史学家的鼻祖，而色诺芬被称为历史浪漫文学的创始人。色诺芬是抱着续补修昔底德《伯罗奔尼撒战争史》的目的开始撰写史学著作的。这部《希腊史》所叙的史实始于公元前411年，而且恰好从修昔底德断笔的句子开始衔接，止于公元前362年的曼提尼亚战役。这部《希腊史》的前后体例不太一致。在第一卷中，色诺芬严格地按照修昔底德的编年顺序叙述史实，一直写到伯罗奔尼撒战争的结束，文笔也显得有些拘谨。从第二卷开始，他的叙述开始生动起来，涉及的内容也显得丰富多彩。另外，色诺芬在书中也采用了记载演说辞的方法，试图通过历史人物自己的语言和行为来显示其性格。由于他与当时的许多风云人物都有交往，因此该书中的许多篇章带有回忆录的性质，留下了许多珍贵的第一手资料。

总的说来，色诺芬无论在治学态度上，还是在取得的成就上，都难以与修昔底德和希罗多德相比。他对历史事件及其因果关系缺乏深入细致的研究，也缺乏修昔底德那种科学的批判态度和求实精神。他相信神谶、梦兆和预言，相信人世间万事万物都受着神意的干预。同时，该书还明显地反映出色诺芬袒护斯巴达的倾向，从而开辟了西方史学中的一种不良风气——为亲者颂、为尊者讳，以个人的政治好恶来选择史料和评判史实。

色诺芬与柏拉图同出一师之门，都是苏格拉底的学生。苏格拉底与他们之间的交往和教诲，对这两位爱徒后期的生涯产生了巨大影响。通过色诺芬的《回忆苏格拉底》，我们可以发现与柏拉图刻画的完全不同的伟大人物苏格拉底的一些侧面。在色诺芬眼中，这位著名的哲学大师是他的年轻伙伴们的良师益友，为他们如何处理事情提供了一些实际的建议。

在最艰苦的情况下，色诺芬正是靠从苏格拉底那里学到的清晰的、有逻辑的思考习惯，使他能够应对混乱的局面，带领一万多希腊将士踏上了漫长且充满艰难险阻的归乡之路。

公元前401年，波斯帝国西部小亚细亚的长官小居鲁士要推翻他的哥哥波斯国王，自立为王。通过直接经验，居鲁士知道希腊军队及其作战手段都比波斯人先进得多，因此他想利用希腊人来帮助自己完成将要开创的大业。于是他以优厚的待遇和慷慨的承诺，在希腊各地招募了大量雇佣军，这些人都是因家乡无仗可打而愿意出国打仗以换取固定收入和食物的。色诺芬当时还不到30岁，在他的朋友、居鲁士军队的一个希腊将领的鼓动下加入了这次远征。尽管他年轻又缺乏经验，但他却注定要挽救他的同胞免于毁灭。

此后这支军队在不知情的情况下，被小居鲁士带领向波斯帝国腹地前进，当到达塔尔苏斯时，士兵们才得知了小居鲁士的阴谋。希腊雇佣军一方面没有退路，另一方面收到小居鲁士的许多许诺，于是继续前进至巴比伦附近。但是小居鲁士在克那科萨之战中身亡，由此这支希腊雇佣军陷入波斯帝国的腹地。而后来军队的首领又被波斯人诱捕而杀害，色诺芬被推举出来领导这支军队。在以后的一年里，色诺芬带领这支雇佣军，历经千难万险，穿越大半个波斯帝国，终于回到希腊本土。最后一万多人的远征军只剩下八千多人了。晚年的色诺芬自己著书《远征记》即"万里大撤退"，详尽记述了这次传奇经历。

这部著作文笔流畅对人物的刻画与景物的描写尤为精当，因而被称为"叙事史的杰作"。该书不仅开创了个人回忆录的先河，而且书中对波斯帝国腐朽性的揭露，也启发与鼓舞了后来亚历山大大帝东征。"没有色诺芬，亚历山大大帝也许不会这么伟大了。"一位古希腊人曾做过这样的评价。亚历山大大帝在伊苏会战前夕，便以色诺芬的万人远征军为例，向将士们动员，以鼓舞士气。

回到希腊后，色诺芬投靠斯巴达，为斯巴达国王阿格西莱二世效力。公元前399年，色诺芬的老师苏格拉底在雅典被处死，雅典政府也对色诺芬宣布了放逐令。公元前394年，色诺芬随阿格西莱二世回到了斯巴达，在那里与妻儿团聚。斯巴达政府把色诺芬安排在奥林匹亚附近的斯奇卢斯，以后，色诺芬在那里平静地生活了约二十年。在这二十年里，他撰写了很多著作。公元前371年伊利斯人攻占斯奇卢斯，色诺芬全家逃往科林斯。公元前369年，雅典与斯巴达关系改善，雅典政府取消了对色诺芬的放逐令，色诺芬将自己的孩子送回雅典，自己也经常短暂回雅典，但最终死于科林斯。

色诺芬是古希腊最伟大的作家之一。他以他个人的传奇经历写成《远征记》，既是出色的文学史学作品，也是出色的军事学作品。从文学角度上说，这部作品引人入胜，扣人心弦。从史学角度上说，它记述了波斯帝国和希腊当时各个方面的情况。而从军事学角度上说，有人甚至称赞此书"经过了二十三个世纪，还没有比《远征记》更好的军事教程"。这部《远征记》既为色诺芬赢得了军事家的英名，也为他赢得了文人的盛誉。他以逼真的手法描述自己的亲身经历和感受，使之产生了一种强烈的戏剧性感染力，从而成为古希腊文学的范文之一。

　　色诺芬一生经历丰富、著述众多。但是长期以来，西方史学界和学术界对他在西方史学史上的地位和贡献却评价不高。英国史学家约翰·布瑞在他的《古希腊的历史学家》一书中，曾这样说过："色诺芬在史学领域和哲学领域中，都是一个浅尝，他略有文才，写过多种多样的著作。只有把那些著作加在一起，才使他在希腊文苑中占有一席之地。实际上他的才智是平庸的，不能深入地观察到事物的本质。如果他生活在现在，也许是个一流的新闻记者。就史学方面而言，他的真正贡献是写了一些回忆录。"

　　尽管色诺芬在研究和理解历史的深度上不及修昔底德和希罗多德，但是在观察和表现历史的广度上却有他自己的特点：角度新、视野宽。与此同时，公元前5世纪末至前4世纪初的希腊史事，主要是靠他的记载才流传下来的。因此，色诺芬在西方史学史上的地位和贡献是不容抹杀的，也有人把他和希罗多德、修昔底德并举，称他们为"古希腊三大史学家"。

　　古希腊史学与后来一脉相承的古罗马史学共同构成西方史学发展的第一阶段即古典史学阶段，绵延达千年之久。

好奇童年　追溯万物本源

每个民族都有自己充满稚气的童年，但希腊人的童年似乎特别早熟，他们刚开始牙牙学语，就对周围世界产生了好奇心。"人是环境的产物"。希腊的地理环境在其文化形成的最初阶段，起着决定性的作用。在适应新环境的过程中，他们形成了强烈的好奇心和分析态度，养成敏锐的观察力以及在比较中认识事物的习惯。他们从关注周围开始，抬头观看宇宙天文、世界万物，低头审视自己的生活以及社会制度。在认真研究所谓物理学之后，产生了物理学之后的学问——形而上学（抽象哲学）。这是一门不产生物质利益的"无用的"的知识，是"只为他自己而存在"的"唯一的一门自由的学问"。古希腊的学术就是从对自然万物的好奇和探索开始的。在古希腊，最初的自然科学、数学、哲学是不分家的。一个爱智慧的人，既是天文学家、数学家也是哲学家。

希腊人把哲学称为"爱智慧之学"，赋予它循理论智、探究天地、社会、人间万象演变因由的任务。最早的希腊哲学家都力求在宗教神话之外凭观察思考探讨世界万物的本源及其运动发展的规律，因而称为自然哲学家。

西方科学之祖——泰勒斯

第一代哲学家泰勒斯（约前624年—前545）生于米利都，他的家庭属于奴隶主贵族阶级，所以他从小就受到了良好的教育。泰勒斯是古希腊的

学生必知的古希腊文明

著名哲学家、天文学家、数学家和科学家。他招收学生，建立了学园，创立了米利都学派。因为他懂得天文和数学，又是人类历史上比较早的科学家，所以，人们称他为"科学之祖"。

泰勒斯的哲学观点用一句话来总结就是"万物之源为水，水生万物，万物又复归于水"。这既不是匆忙一瞥的印象，也不是脱离观察的凭空臆想。我们现在把生成水的氢称为一种化学元素，其他任何元素都能与之相合成。这种"万物归一"的观点是"一种相当可敬的科学假说。"（罗素）这是从古希腊神话中借过来的思维方式，他是用一种新的形式——哲学的形式表述了神话中的内容。这个观点看似简单却涵盖了万物最初皆诞生于水中这一真理。在泰勒斯的眼里，作为万物的本原物不是拟人化的海神而是自然本身的水，其本质就是万物的本原是"一"而不是"多"。人类全部的哲学智慧都源于这种思维方法。

阿那克西曼德

阿那克西曼德（约前610—前546）米利都学派另一代表人物。绘制世界上第一张全球地图的人。他是古希腊科学创始人泰勒斯的学生。与其老师一样将古代东方的科学介绍到希腊。主张万物本源是"无限"，一切生于无限复归于无限，而无限本身既不能创造又不能消灭。

阿那克西美尼

阿那克西美尼（约前588—前525），米利都学派的第三位代表人物是阿那克西曼德的学生。他认为万物之源为气，气亦有稀散凝聚的二元对立运动，由此产生世界万物及其变化。米利都学派在无形的"一"中已经萌芽了某种简单的抽象。抽象是人类智慧产生的根本的思维武器，因为一切科学皆从此而生，即都是用理性逻辑去理解对象（万物）的结果。可以说他们的理论几乎完全是沿着科学的和唯物主义的方向发展的。从具有三代师承关系的米利都学派中我们看到了人类的进步，人类的进步在于后人对前人的肯定与否定、继承和超越。

毕达哥拉斯

"数的和谐"与米利都学派相对应的是位于南意大利的毕达哥拉斯学派。这是一个集哲学、科学、宗教三位于一体的组织，古希腊哲学家毕达哥拉斯（约前570—前500）所创立。产生于公元前6世纪末，公元前5世纪被迫解散。其成员大多是数学家、天文学家、音乐家。它是西方美学史上最早探讨美的本质的学派。他们认为事物的本原不是物质的实体，而是一种超自然形态的东西——"数"。宇宙内含有无限数目，毕达哥拉斯学派认为其中只有一个基本数目，那就是"一"。毕达哥拉斯把"数是万物本原"的思想深入到"一是万物本原"的思想。因为，一切数目都是由"一"组成，"一"是一切数目的最基本元素，由"一"能够派生出一切数目来。由此，如果想认识周围世界，我们必须找出事物中的数。一旦数的结构被抓住，我们就能控制整个世界。毕达哥拉斯学派集中代表了与米利都学派的科学唯物倾向相对立的种种神秘主义传统。毕达哥拉斯是西方第一个提出唯心主义命题的哲学家。从柏拉图到黑格尔，都用不同形式继承和发展了这种客观唯心主义思想。毕达哥拉斯学派的理论对西方思想界产生了不可估量的影响。西方思想史上数学和神学奇妙结合的现象就滥觞于毕达哥拉斯学派。

毕达哥拉斯的"数"实际上就是指万事万物都必须遵从的规律、法则和必然，即在希腊神话和悲剧中被扑朔迷离的"命运"所涵盖的东西，这些东西在赫拉克利特那里被表述为一个更加哲学化和抽象化的概念——

"逻各斯"。

赫拉克利特

赫拉克利特（约前540—前480）是早期最重要的自然哲学家之一，也是辩证法的奠基人。赫拉克利特生于爱菲斯一个贵族家庭。相传生性忧郁，被称为"哭的哲学人"。他本来应该继承王位，但是他将王位让给了他的兄弟，自己跑到女神阿尔迪美斯庙附近隐居起来。在关于万物本原的物质概念上，赫拉克利特选择了"火"。"万物皆可化为火，火亦能化为万物"。赫拉克利特认为，世界的过去、现在、未来永远是一团永恒的活火，在一定的分寸上燃烧又在一定的分寸上熄灭，火是有形与无形的统一，具有自身运动的分寸、规律和尺度，这个尺度就是"逻各斯"。在这里，"逻各斯"是作为普遍的规范、法则而存在，它代表着客观性、普遍性和必然性的客体性原则，要求人依附、遵循客观规律从而获得自身的规定性，强调人的自在性。他揭示了自然和人的辩证法："人不能两次踏入同一条河，因为你面前流动的总是新的河水。我们存在又不存在。"当然赫拉克利特并不是根据科学知识，而是凭他的辩证感受和思考说出上边的话的。所以我们说希腊哲学智慧的发展虽然始于泰勒斯，但真正起步的却是赫拉克利特，关键就在于哲学家的独立思考。在年近花甲之时，他对人世的乐趣早已漠不关心，任由自己忍饥挨饿，从而生命走向了枯竭。

恩培多克勒

在西方哲学史上主张多元论的自然哲学家是恩培多克勒（约前480—前420）。他出身显贵世家，是一位富有传奇色彩的哲学家，他集诗人、哲学家、医生、科学家、奥菲斯教信徒等多种身份为一体。他的主要观点是：大自然由"四根"（火、气、水、土）组成。他认为自然界有两种力量，他称之为爱和恨，爱使得事物聚合，恨则使事物分散。尽管这些观点今天看来未免肤浅，但他将"物质"与"力量"分开，在科学史上具有重要意义。

阿那克萨哥拉

把科学和哲学从海外城邦引入雅典的是阿那克萨哥拉（约公元前500—前428）。他出身贵族名门，家中相当富有，然而却漠视富贵，甚至把继承的遗产分赠给自己的亲属，弃富取贫，以专心学术。

阿那克萨哥拉在哲学上的贡献是：第一次把看不见的物质微粒——"种子"概念引入哲学，并加上"努斯"作为万物及其运动的本原。古希腊理性的另外一个原则就是来源于阿那克萨哥拉的"努斯"概念的主体性原则。他认为："将来会存在的东西，过去存在过现在已不复存在的东西，以及现存的东西，都是心灵所安排的。""心灵"即"努斯"，是无限的、自主的，不与任何事物混合的，是单独的、独立的，具有能动性和创造性。可见，在阿那克萨哥拉这里，"努斯"是心灵、思想或是理智，就是作为个体精神向上超越的精神能力而存在。它代表着自我超越、不断创造的主体性原则，要求人摆脱物质世界的羁绊，以自我规范为对象，使对象符合我的目的，强调主体性、目的性、自由性和人的自主性。简言之，万物的本原是种子，种子混合和分离运动的本原是努斯。可以说，阿那克萨哥拉的理论没给神留下丝毫的地盘。在他之前的哲学家，无论将多归为"一"还是"四"的具体可见物质，总有捉襟见肘之处。而阿那克萨哥拉提出了"种子"这一自然界不具体存在的抽象概念，以此解释万物。他的观点对德谟克里特有很大的启发。

学生必知的古希腊文明

百科全书式学者德谟克里特

　　百科全书式学者德谟克里特（约前460—前370），古希腊的属地阿布德拉人，古希腊伟大的唯物主义哲学家，古希腊第一位百科全书式学者，他是"原子论"的创始者。由原子论入手，他建立了认识论。认为每一种事物都是由原子所组成的。原子不可分割，并不完全一样。在自然界中，每一件事的发生都有一个自然的原因，这个原因原本即存在于事物的本身。并在哲学、逻辑学、物理、数学、天文、动植物、医学、心理学、伦理学、教育学、修辞学、军事、艺术等方面，他都有所建树。同时，还是一个出色的音乐家、画家、雕塑家和诗人。传统的古代哲学界存在一个共性，人们总爱把德谟克里特和赫拉克利特对立起来。他们几乎生活在同一时代，各自传播自己的学说，却从未会过面。赫拉克利特年近花甲时去世，而德谟克里特颐享百年。在生前，他被称为"笑的哲学家"。他平等待人、处世开朗。在他死后，以整个国家的名义为他举办了盛大的葬礼。早在古代，人们就喜欢把悲观者与乐观者对立起来了，正如希腊哲学中对立的两极。在希腊自然哲学的这个发展过程中，我们看到西方哲学源自神话，最后却扬弃了神话。

巨人时代　确立世界轴心

进入古典时代，希腊哲学经历了它最为成熟、最为辉煌的岁月。这是古希腊哲学史上由自然哲学转向人文哲学的一个转折点。从他们开始，古希腊哲学的宇宙论时期结束，开始跨入人类学时期，哲学家们关注的主要问题由自然转向人。他们从自然哲学的单一对象、单一问题，扩展到社会、国家、人生目的等多方面。

人是万物的尺度

普罗塔哥拉（约前481年—前411）出生于希腊北部的阿布德拉，是德谟克里特的同乡。他是第一个自称为"智者"的人。他一生旅居各地，度过了将近40年的游学授徒的生涯。在公元前445年左右，普罗塔哥拉来到了当时希腊民主制的中心——雅典。在这里，他如鱼得水，杰出的才智不但受到贵族的追捧，还受到伯里克利的赏识。他们二人结为挚友，经常在一起讨论国家大事。在理论建构方面，普罗塔哥拉为伯里克利奠定了民主政体的哲学基础，并于公元前444年为希腊重要的殖民地——图利起草了法典。之后普罗塔哥拉又多次来到雅典，最后一次回到雅典是在公元前411年。由于他支持寡头统治者反对民主制，被送上法庭受审，但是就在开庭审理之前，他偷偷乘小船逃离了雅典。但在乘船逃亡途中，不料遭遇风浪，因船只失事而丧生。

学生必知的古希腊文明

普罗塔哥拉是第一位收费的教师和第一位著名的希腊诡辩家。他的教育思想和哲学思想极大地影响了诡辩派思想的发展，甚至也影响了整个希腊文化。普罗塔哥拉最著名的哲学观点就是"人是万物的尺度，是存在者存在的尺度，也是不存在者不存在的尺度"。也就是说，世界上并没有什么所谓的客观真理，人的主观是决定人类对世界认识的准绳。他对传统宗教神学也提出了怀疑："关于神，我无法知道他们存在与否；即使存在，我也不知道是以什么形式存在。"正是基于这种观点，诡辩派对神权提出了怀疑，并逐步颠覆了神权政治，把公众的关注点从神转到了人自身。这种思想大大促进了人们对于事物的复杂性、不确定性和真理的相对性的认识，打破了当时社会中僵化的思维方式。尽管后人对普罗塔哥拉的思想有争议，但毫无疑问的是，普罗塔哥拉是西方哲学史上智慧重心由自然向人转变的开拓者。

"认识你自己"

在他逝世三百年后，古罗马著名的演说家、政治家西塞罗曾说："他首先把哲学从天上召唤下来，使它在城邦落脚生根，进入家家户户，迫使哲学思考人生和道德、伦理与善恶。"这个人就是"不寻常的智者"——苏格拉底。那么，为什么人们会称苏格拉底为智者呢？原因是德尔斐的神谕曾经说过，没有谁比苏格拉底更具有智慧。但苏格拉底却认为自己并不聪明，因此，也曾想方设法证明神谕是错误的。于是他找到那些公认为很聪明的人，对他们提出问题。这些人中有政治家、诗人、手工艺人，结果发现他们当中没有一个人能够回答上苏格拉底的问题。在指出别人是无知的同时，苏格拉底树敌不少。他终于明白了神谕的深意：只有神才最具智慧，而人的智慧是微不足道的，因此人应当有自知之明，努力追求知识，知识就是真理。所以，苏格拉底说："我所知道的就是：我一无所知。"

苏格拉底（前469—前399）是开创希腊哲学研究新方向的划时代的思

想家，他把研究对象从自然转向了社会和人类的内心世界，专门探讨人类的心灵智慧与活动能力，注意政治、道德、社会、人生的基本问题，在西方人的生活领域矗立起一座真善美的理想宫殿。虽然这是唯心主义的追求，却显示了人类在精神上的勇敢探索。从此，人自身成为哲学研究的中心，希腊哲学开始迈向一个新的高峰。

苏格拉底是雅典一个雕刻匠的儿子，出身贫寒，但崇尚知识，多方求学，逐渐成为具有全面文化修养的哲学家。他述而不作，没留下任何著作，其思想主要是由他的两个学生柏拉图和色诺芬的作品中得知的。他的哲学追求集中在认识人自身上。他提出的命题围绕人的精神修养，比如什么是幸福、美德、真理、正义等等，其中所贯穿的一个最严肃的主题就是说服人们不要专注于对身外之物的追求，而应去改造自己的灵魂，追求真理和智慧，成为道德完善的、真正的人。他在雅典法庭受审时曾对同胞大声疾呼："雅典人啊！我尊敬你们，热爱你们。我要教诲和劝勉我遇到的每一个人……你们不能只注意金钱和地位，而不注意智慧和真理。你们不要老想着人身和财产，而首先要改善你们的心灵。金钱不能买到美德，美德却能产生一切美好的东西。这就是我的教义。无论你们怎样处罚我，我决不改变自己的信仰。"他还说他肩负着神赐给的使命。雅典好比一匹硕大的骏马，由于太大，行动迟缓不灵，需要一只牛虻不断叮它，使它精神焕发起来，他就是神赐给这个国家的牛虻。

他强调知识的作用，强调理性，要求人们用自己的思想、自己的内心世界去了解外界事物，发现真理，并提出概念在认识中的作用，确立了一系列概念范畴。他的思想对后世西方哲学有深远影响。苏格拉底实践了自己的使命和诺言，但后来却遭到了厄运。他为祖国付出了自己的一切聪明才智，而他的祖国却用死刑"酬劳"了他的贡献。公元前399年，苏格拉底被控不相信所信奉的神而引进新神以及败坏青年等两条罪名，被判死刑。朋友们打算营救他逃离雅典，但他拒绝了。他认为作为一个雅典的公

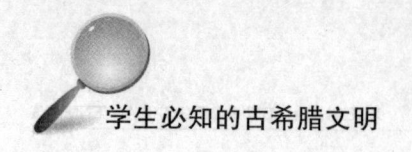

民，他必须遵守雅典的法律，因为他和城邦之间有神圣的契约，不能违背。最后他十分安详地饮鸩就刑，用自己的生命报答了祖国城邦。

哲学就是柏拉图

柏拉图，古希腊哲学家，也是全部西方哲学乃至整个西方文化最伟大的哲学家和思想家之一，他和老师苏格拉底，学生亚里士多德并称为古希腊三大哲学家。

柏拉图出身于雅典贵族，青年时师从苏格拉底。公元前387年在雅典，在一所称为阿加德米的体育馆附近设立了一所学园，此后执教40年，直至逝世。他一生著述颇丰，其教学思想主要集中在《理想国》和《法律篇》中。

柏拉图是西方客观唯心主义的创始人，其哲学体系博大精深，对其教学思想影响尤甚。柏拉图认为世界由"理念世界"和"现象世界"所组成。理念的世界是真实的存在，永恒不变，而人类感官所接触到的这个现实的世界，只不过是理念世界的微弱的影子，它由现象所组成，而每种现象是因时空等因素而表现出暂时变动等特征。由此出发，柏拉图提出了一种理念论和回忆说的认识论，并将它作为其教学理论的哲学基础。

"柏拉图就是哲学，哲学就是柏拉图。"在柏拉图逝世450年后，古罗马著名的传记作家普鲁塔克这样写道："人们可以说，西方的思想，或者是柏拉图的，或者是反柏拉图的，在任何时候都不是非柏拉图的。在西方人的心中，柏拉图就是人间的太阳神，因为他为他们创建了一个神秘美好的理想国。"

在他看来，世界分为感知到的气象万千的现象世界和人的感官所不能察知的理念世界两部分。由于感知的世界总在不停地变化，人们对它的认识因时、因地、因人、因情而异，因而感觉世界是不真实的。唯一真实的是永恒存在的理念世界，而感受到的现实世界只是理念世界的反映。如说少女和鲜花美时，必先有一个美的概念在判断者心中，这一概念又一定和美的总体概念相一致，因而在判断者的身外必定有个绝对美的理念。美如此，真与善亦然，一切具体和抽象事物都有理念。理念是世间万物的原型，万物是理念的摹本。他倡导对永恒的真善美亦即理念世界的追求，后来人们往往把追求纯精神的唯理主义行为称作柏拉图式的行为。柏拉图否认现时世界的真实性和感觉经验的可靠性，认为理念是人心之外的一种实体，真理认识只能靠对它的直接感悟，所以他的哲学是客观唯心论。他的理念论用于现实社会的改造，便产生了他的理想国的设计。他的哲学认识论却成为西方唯心主义的主要思想来源。

柏拉图与他的学生亚里士多德比起来，在西方得到更多的尊重和注意。因为他的作品是西方文化的奠基文献。在西方哲学的各个学派中，很难找到没有吸收过他的著作的学派。在后世哲学家和基督教神学中，柏拉图的思想保持着巨大的辐射力。有的哲学史家认为，直到近代，西方哲学才逐渐摆脱了柏拉图思想的控制。

一切哲学家的老师

亚里士多德（前384—前322）是公认的世界人类发展史上十大思想家之一，是世界古代史上最伟大的哲学家、科学家和教育家。他创立了形式逻辑学，丰富和发展了哲学的各个分支学科，对科学作出了巨大的贡献。

亚里士多德出生在马其顿的斯塔吉拉，17岁时，他赴雅典在柏拉图学园就读达20年，直到柏拉图去世后方才离开。一度任马其顿王亚历山大的导师，后回雅典办学。亚里士多德的著作所表述的观点是，人类生活及社会的每个方面，都是思考与分析的客体；宇宙万物不被神、机会和幻术所控制，而是遵循着一定的规律运行；人类对自然界进行系统而深入的研究是值得的；我们应当通过实验和逻辑分析，得出自己的结论。亚里士多德的这种反传统、反对迷信与神秘主义的主张，对西方文化产生了深远的影响。

学生必知的古希腊文明

亚里士多德首先是个伟大的哲学家,他虽然是柏拉图的学生,但却抛弃了他的老师所持的唯心主义观点。他的哲学与老师的关系是批判与继承的关系,其中的批判要多于继承。他有句科学认识史上的名言:"吾爱吾师,吾尤爱真理"。柏拉图认为理念是实物的原型,它不依赖于实物而独立存在。亚里士多德则认为实物本身包含着本质。柏拉图断言感觉不可能是真实知识的源泉。亚里士多德却认为知识起源于感觉。这些思想已经包含了一些唯物主义的因素。亚里士多德对因果性的看法比柏拉图的更为丰富,因为他接受了一些古希腊时期对这个问题的看法。他指出,因主要有四种:第一种是质料因,即形成物体的主要物质;第二种是形式因,即主要物质被赋予的设计图案和形状;第三种是动力因,即为实现这类设计而提供的机构和作用;第四种是目的因,即设计物体所要达到的目的。这一理论表现出自发的辩证法的思想。亚里士多德对哲学的几乎每个学科都做出了贡献。他的写作涉及道德、形而上学、心理学、经济学、神学、政治学、修辞学、教育学、诗歌、风俗,以及雅典宪法。他的研究课题之一搜集各国的宪法,并依此进行比较研究。

在哲学方面,亚里士多德最大的贡献在于创立了形式逻辑,这一重要分支学科。逻辑思维是亚里士多德在众多领域建树卓越的支柱,这种思维方式自始至终贯穿于他的研究、统计和思考之中。当然,他也犯错误,但次数少得惊人。

亚里士多德把科学分为:理论的科学(数学、自然科学和后来被称为形而上学的第一哲学);实践的科学(伦理学、政治学、经济学、战略学和修饰学);创造的科学,即诗学。

亚里士多德认为分析学或逻辑学是一切科学的工具。他是形式逻辑学的奠基人,他力图把思维形式和存在联系起来,并按照客观实际来阐明逻辑的范畴。

亚里士多德对世界的贡献之大,令人震惊。他至少撰写了170种著作,其中流传下来的有47种。当然，仅以数字衡量是远远不够的，更为重要的是他渊博的学识令人折服。他的科学著作，在那个年代简直就是一本百科全书，内容涉及天文学、动物学、胚胎学、地理学、地质学、物理学、解剖学、生理学，总之，涉及古希腊人已知的各个学科。他的著作包含三个方面：一是前人的知识积累；二是助手们为他所作的调查与发现；三是他自己独立的见解。

作为一位最伟大的、百科全书式的科学家，亚里士多德对世界的贡献无人可比。但他的成就远不止于此。他是现代许多科学门类的奠基人，哲学到他的手里才真正成为一门独立的学科。亚里士多德对这些领域的研究都细致深入，做出了开创性贡献。在逻辑学上，他被称为"逻辑学之父"；在美学方面，他是古希腊美学思想的集大成者，欧洲美学思想的奠基人。在他的著作中，希腊哲学的爱智与深思精神被发展到顶峰。

亚里士多德的思想对西方文化根本倾向以至内容产生了深刻的影响。他的思想是中世纪基督教思想和伊斯兰经院派哲学的支柱。最有影响的犹太教思想家迈蒙尼德，用理性主义解释犹太教义，在调和科学、哲学和宗教方面取得了重大成就。亚里士多德学识渊博，著述颇丰。他对于当时尚未分类的科学部门如政治、逻辑、伦理、历史、物理（自然学科）、心理学、美学、教育学等均有研究并有独到见解，被马克思誉为"古代最伟大的思想家"。亚里士多德的教学思想主要散见于其《政治学》和《伦理学》中。亚里士多德显示了希腊科学的一个转折点。在他以前，科学家和哲学家都力求提出一个完整的世界体系，来解释自然现象。他是最后一个提出完整世界体系的人。在他以后，许多科学家放弃提出完整体系的企图，转入研究具体问题。

亚里士多德集中古代知识于一身，在他死后几百年中，没有一个人像他那样对知识做过系统考察和全面掌握，他的著作是古代的百科全书，恩格斯称他是"最博学的人"。

学生必知的古希腊文明

流衍变异　为基督教铺路

希腊城邦从公元前4世纪开始走向衰落，内部的分化、不断的内战、财产没收和屠杀，把公民们的爱国情感消耗殆尽。幸存者只求保命、发财、过安稳的日子，对政治完全丧失了热情。随着希腊化时代的来临，许许多多的人失去了传统的环境，他们被命运抛到另一个新地方，感到不知所措，人们不仅在经济上而且在心理上受到冲击。广大众民的君主国代替了小国寡民的城邦，君主的最高权威代替了主权在民的原则和理想，种族、文化以及阶级的隔阂与冲突，使一切四分五裂。人们普遍感到恐惧、疑虑、不安、对现实世界极端不满而又无可奈何。外面的世界如此不可靠，人们只能自己拯救自己。除了个人奋斗之外，只能到内心世界去寻求公正和德性。于是哲学和宗教，便成为人们的避风港湾。希腊化时代哲学流派纷呈，名目繁多，但在追求精神自由、不受外物干扰、宁静而不动心、精神上的等视一切等方面是相似的。这一时期产生了三个哲学流派：犬儒学派、斯多葛学派和伊壁鸠鲁学派。

犬儒学派

据说，有一天苏格拉底站在街上，注视着一个贩卖各种商品的摊子。最后他说："这些东西中有太多是我根本不需要的啊！"这句话可以作为犬儒派哲学的注解。这个学派是在公元前400年左右由雅典的安提斯塞尼所创。安提斯塞尼曾受教于苏格拉底门下，对于苏格拉底节俭的生活方式特别有兴趣。最著名的犬儒派人士是安提斯塞尼的弟子第欧根尼（前404—前323），据说他住在一个木桶中，除了一袭斗篷、一支棍子与一个面包袋之外，什么也没有（因此要偷取他的幸福可不容易！）。罗素称他过着像狗一样的原始生活，这给他赢得了"犬儒"的绰号，意即"如狗一般"。犬儒学派主张独立自处、回到大自然、过简朴生活。真正的幸福不是建立在外在环境的优势——如丰裕的物质、强大的政治力量与健壮的身体之上。真正幸福的人不依赖这些稍纵即逝的东西。同时，由于幸福不是由这类福祉构成的，因此无论贫富，每个人凭借德行自身，就足以获得幸福。更重要的是，一旦获得了这种幸福，就不可能失去它。

犬儒学派的要点是把脱离世俗财富而集中心力与德行作为唯一有价值的善。这显然具有苏格拉底学说的某种倾向，但它对世俗事物作出的反应多少有些消极。尤其是到公元前3世纪以后，当犬儒派进一步发展时，其学说也逐渐变异，成了一部分人逃避社会义务，推卸个人责任的遁词和手段。正是从这一发展中，"犬儒"一词才获得了贬义。但犬儒主义作为一种运动，并非完全蓄意如此持续下去。它的伦理要旨逐渐为斯多葛学派所吸收。

亚历山大大帝曾在科林斯邂逅哲人第欧根尼。大帝怀着崇敬之情上前："朕即亚历山大。"正躺在地上晒太阳的哲人答："我是狗崽子第欧根尼。"大帝问："我能为您效什么劳？"哲人答："不要挡住我的阳光。"大帝当即叹曰："如果我不是亚历山大，我便愿意我是第欧根尼。"

一个政治巨人，一个犬儒派哲学代表人物，均为史书上的煊赫星斗。他们本不是一类人，却因为这次偶遇产生了动人心魄的关联。大帝对学问的景仰超越了狭隘的自尊，而哲人对内心的关切更胜过对这个世界的一切。他们都是无比宽宏的人物。权力对现实社会有巨大的影响，而哲学几乎是完全脱离现实的，可以说，亚历山大与第欧根尼生活在两个世界。哲学研究的是人的终极问题,帝王更关心眼前的社会。面对学问,亚历山大的话显得谦逊而幼稚,这与他的现实身份有关;第欧根尼的回答则显得缥缈洒脱,洋溢着哲人的内在华美气质。第欧根尼自称"狗崽子"是有些造作的,他不该蔑视一个人的基本尊严,包括他自己和帝王;而亚历山大不温不火的态度与哲人相映成趣,昭示了他作为历史上少有的雄才大略的霸主脉脉含情的一面。是学问使他们有这样一次著名的邂逅,同时也是学问限制了他们进一步交流、交往,这是合理而又遗憾的。

斯多葛学派

芝诺(约前336—约前264)塞浦路斯岛人,于公元前300年左右在雅典创立了自己的学派,由于他通常在雅典市场的一个画廊讲学,故称之为画廊学派或斯多葛学派。汉语所译的斯多葛就源于希腊文"画廊"一词。其代表人物:西塞罗、塞尼卡、马可·奥里留(帝王哲学家,著有《沉思录》,是该学派晚期最著名的代表)等。据罗素说,斯多葛学派延续了差不多五个世纪之久。在此期间,它的学说经历了相当大的变化。然而它的始终如一的伦理学说却将这一运动维系下来。勇敢面对危险与磨难,淡泊物质境遇这些都是斯多葛学派重视的德行。

斯多葛学派认为世界理性决定事物的发展变化。所谓"世界理性"就是神性,它是世界的主宰,个人只不过是神的整体中的一分子。所以,斯葛多学派是唯心主义的。在社会生活中斯多葛派强调顺从天命,要安于自己在社会中所处的地位,要恬淡寡欲,只有这样才能得到幸福。他们自称是世界主义者,打破了希腊人和野蛮人之间的传统界限,宣传人类是一个整体。在宇宙共同法律面前一切民族、国家、个人都平等的世界主义观念,对基督教产生了重大影响。建立在犹太教基础上的基督教,是东西方信仰激荡混合的结果:是东方神秘主义和西方理性主义的产儿,是来世与现世的握手，是西方向东方的妥协，是哲学向宗教的投降。而这一切，是希腊化这一大时代的气候和土壤所提供的。

如果说犬儒学派是以狂放不羁的极端反世俗行为表示自己对现实社会的不满，从而获得一种精神快感，那么伊壁鸠鲁学派则是通过心灵的清静，欲望的压抑而获得人生的快乐。

伊壁鸠鲁学派

伊壁鸠鲁（前341年—前270）古希腊哲学家、伊壁鸠鲁学派的创始人，生于公元前341年的萨摩斯，但父母亲都是雅典人，他在18岁时搬到雅典，之后曾去过小亚细亚，并在那里受到德谟克里特哲学的影响，公元前207年开始在雅典建立了一个学派，这个学派在他去世之前一直在雅典活动。传说中该学派居于他的住房和庭院内，与外部世界完全隔绝，因此被人称为"花园哲学家"。据说在庭院的入口处有一块告示牌写着："陌生人，你将在此过着舒适的生活。在这里享乐乃是至善之事。"这是伊壁鸠鲁学派与犬儒派和斯多葛派的根本分歧。伊壁鸠鲁学派不认为痛苦是善。

伊壁鸠鲁的学说和苏格拉底及柏拉图最大的不同在于，前者强调远离责任和社会活动。伊壁鸠鲁认为善即快乐，没有快乐，就不可能有善的生活。快乐包括肉体上的快乐，也包括精神上的快乐。伊壁鸠鲁区分了积极的快乐和消极的快乐，并认为消极的快乐拥有优先的地位，它是"一种厌足状态中的麻醉般的狂喜"。同时，伊壁鸠鲁强调，在我们考察一个行动是否有趣时，我们必须同时考虑它所带来的副作用。在追求短暂快乐的同时，也必须考虑是否可能获得更大、更持久、更强烈的快乐。他还强调，肉体的快乐大部分是强加于我们的，而精神的快乐则可以被我们所支配，因此交朋友、欣赏艺术等也是一种乐趣。自我的欲望必须节制，平和的心境可以帮助我们忍受痛苦。

学生必知的古希腊文明

伊壁鸠鲁相信德谟克里特的原子论，但他并不认为原子的运动受各种自然法则的支配。伊壁鸠鲁否定宗教，否认神是最高的法则制定者，因此也就蔑视必然原则。伊壁鸠鲁悖论是其著名遗产之一。伊壁鸠鲁也同意德谟克里特的有关"灵魂原子"的说法，认为人死后，灵魂原子离肉体而去，四处飞散，因此人死后并没有生命。他说："死亡和我们没有关系，因为只要我们存在一天，死亡就不会来临，而死亡来临时，我们也不再存在了。"伊壁鸠鲁认为对死亡的恐惧是非理性的，因为对自身对死亡认识是对死亡本身的无知。伊壁鸠鲁的学说并没有发展出科学的传统，但它自由思维的态度和反对迷信的实践，一直得到罗马帝国早期一些上层阶级成员的尊敬。而在今天，这个词已经具有贬义，用来形容那些追求享乐的人们。

宗教神话 与神的契约

希腊宗教

希腊的宗教不是由传教士、预言家或圣人创造的，而是靠诗人、艺术家用神话为主要内容发展起来的结果。神话故事中的神灵观念成为希腊宗教的核心，并为希腊宗教确定了一个系统的神灵观念信仰体系。希腊宗教主要以奥林匹斯教和狄奥尼索斯、俄耳甫斯教为主要派别，其中又以奥林匹斯教为主。希腊宗教的起源、崇拜对象、宗教仪式具有多样性，其在三大民族融合中就混杂了多种成分，历史学家希罗多德自称可以为每位希腊神找到他的外来名字。希腊地理环境优越，三面临海，发达的航海技术使他们与各国建立了商业往来。开放性的商品经济使古希腊人思想开放，接纳许多外来文化成就，善于取人之长，为己所用。古希腊大小200多个城邦各自建立起信仰的神，宗教、神庙、祭司都不过问城邦政治，只从事宗教活动。最能体现希腊宗教特色的活动场所是宗教圣地、神庙、祭坛、神示所和竖立在神庙中的神像。希腊人把圣地往往选在能显露神的气息的地方，如风景优美的奇峰异石，郁郁葱葱的林地，还有某种树林作为象征世代延续的特殊标志。

宗教的原始功能在于崇拜那些人们无法控制的自然力量，以便从中获取心理利益。象征性地表现"自然的力量"，是一切早期神话的特点。在希腊神话中，混沌开俄斯、地母该亚、天神乌拉诺斯，以及从他们诞生的全部提坦诸神，都是较单纯的"自然力量"的化身。希腊宗教和神话在后来的发展中，使他们全都具有了神人同形的造型，但在原始时代则未必尽乎如此。

而所谓"以管制自然力量为职责的权力"，系指"奥林匹斯神系"的"新神"而言。他们不是自然力量的化身，而是社会力量与文化力量的理想人格化。新神中的老长辈身上——像雷神宙斯、冥王哈得斯、海神波塞冬——还附着"自然力量"的遗迹。但宙斯子女们——如时序女神、文艺女神缪斯、智慧女神雅典娜，锻造之神、战争之神、预言之神阿波罗等等，则已以文化的创造和技术的力量取胜于人。另一些号称为宙斯子孙的小神、半神半人的英雄，人格化和社会文化的属性就更醒目了。崇拜"以管制自然力量为职责的权力"，则近乎文明时代人类的自我尊崇。这尊崇还比较含蓄，披上了神的外衣，但已是文明力量和科学力量直接形式的前兆。这在希腊神话中获得空前明确的显现。

古希腊人崇拜多神教，自然界的一切事物都用神来加以解释，所以他们的崇拜也称自然崇拜。希腊的神与人性相通，甚至形态、性情、思想、感情等也与人一样，是极具人格化的神。因此有"神人同性同形说"。他们认为神是人最完美的体现。神不但具有人的形象，而且具有人的感情和经历。这就和君主专制国家"人的神化"不同，他们把皇帝提到神的境界，神则是至高无上的宇宙主宰。神与人所不同的主要表现在神具有高超的智慧、魔法、力量，神还可以永生不灭，长生不死。在希腊，神的活动与人的活动紧密结合在一起，不管是发生在早期的特洛伊战争，还是后来的希腊城邦建立，不论是一个国王的诞生，还是一座新兴的都市，以至希腊的一山一水，一江一海，都存在着可以追溯的故事和传说，因而，希腊的神也被称为是世界上最通人性的神。这种对神的看法，随着民主政治的发展而日益加强，他们在信神的同时，更相信人的自身智慧和力量，重视现实世界，神话不过是现实生活的反映。因此希腊的许多神像都是典型的、完美人的形象，如光明和文艺之神阿波罗被塑造成一位健美、漂亮的体育家。许多文学作品，如《荷马史诗》、悲剧等取材于神话，表现历史和现实。这就使希腊文学艺术家走上了表现以人为中心的现实主义道路。

希腊宗教重解释、轻仪式，重理念、轻实践的求知特性，造成一个奇观：希腊宗教实践日趋衰落的过程，恰与神话作为一种知识系统和故事系统不断发达的进程并驾齐驱。著名学者威廉·福克斯给我们描绘了希腊宗教的独特性和使诸神人格化的倾向："诸神和人们的尘世利益之间的密切关系给希腊的宗教打上了清楚的烙印，它使诸神下凡，具有人的模样和情欲，因此，崇拜者在需要的时候，只要伸出手去就能触摸到帮助他的神"。

希腊神话

天地未辟之前，世界只是一片无边无际、永远黑暗的混沌。世上一切生命的源泉就包容在这片混沌之中，整个世界和永生的神祇都起源于这无边无际的混沌。混沌中先诞生了大地母神该亚，她广阔无边，威力无穷，她给予后来在她身上生活和生长的一切以生命。从混沌中产生的另一个重要的神祇是爱神厄洛斯，她是诸神中最美的，能让所有的神灵和人销魂荡魄。此后，在混沌中又分出了白天和黑夜。接着，该亚无性生殖，生下天神乌拉诺斯、绵延起伏的群山和沟谷、波涛汹涌的大海。到了此时，宇宙初步有了秩序。

宇宙形成的第二阶段是天神乌拉诺斯统治的时期。乌拉诺斯是大地女神该亚的儿子，他出生不久就成长为一个面貌英俊的少年。后来，他又与母亲该亚结婚，并成为天地之间的主宰，第一代天神。登上天神的宝座之后，乌拉诺斯就对所统辖的疆域进行了一番改造：首先，他将宇宙分成了许多部分，然后进一步塑造了地球，使之变成了与今天类似的样子。

学生必知的古希腊文明

在天神乌拉诺斯的统治之下,宇宙变得井然有序。而作为主宰者的天神,他和地母该亚生下了一大群儿女。她第一次生了六男六女,就是十二提坦神;第二次生下的则完完全全是一批怪物,三个独目巨人和三个百臂巨人。乌拉诺斯能够预知未来,他察觉到了一种危险:自己的众多孩子之中,那最优秀的一个必然会推翻他。尤其让他感觉害怕的就是这些怪物。由于乌拉诺斯贪恋权利,他把该亚与他生的孩子全都捆在该亚体内,最终地神该亚再也无法忍受了,她号召她的孩子们起来反抗他们的父亲。可是,只有最小的儿子克洛诺斯答应帮助母亲推翻父亲,其他的都缺乏必要的勇气。于是该亚制造了一把磁石镰刀,交给克洛诺斯,让其埋伏在她的身旁。当乌拉诺斯在该亚身上发泄淫威的时刻,克洛诺斯伸出镰刀,飞快地割下了父亲的生殖器,使大地和天空从此永久地被分开,天成了世界的屋顶。紧接着,为了避免自己的行为可能带来的麻烦,他顺势把乌拉诺斯的生殖器扔了出去。许多血从这个割断后被抛出的器官滴到地球上,使该亚独自孕育了怪物巨人族、复仇女神和白橡树三神女墨利埃。而那个生殖器却被抛得很远很远,一直落到爱琴海浪里。从掀起的海浪的浪花中诞生了一位少女。因其从浪花中诞生,故称"浪花所生的女神",又因其从男人的生殖器而来,故赋予了少女的窃窃私语、笑容、甜蜜的爱情和欺骗,她便是爱与美之神阿佛洛狄忒。相传大地(该亚)在太阳自东方升起时许下诺言:要将希望的种子植入每一个在地球上出生的生命。于是混沌赐福大地(该亚),乌拉诺斯则代表第一个希望。伴随乌拉诺斯的伤残,斗争与暴力、说服、诡计与爱情在这个世界上同时有了自己的位置,为宇宙秩序的进一步确立创造了条件。

宇宙发展的第三阶段是诸神之间的权力之争。在废黜了父亲乌拉诺斯之后,克洛诺斯成为诸神的统治者,做了第二代天神,娶其姐掌管岁月流逝的女神瑞亚为妻。克洛诺斯深知自己的独目和百臂兄弟们的强大,认为他们的存在是对自己王位潜在的威胁。因此,克洛诺斯设毒计将他们抓住并囚禁于塔耳塔洛斯。之后，他依然不能安心，因父亲的诅咒始终在他耳边回响："你也将像我一样被自己的儿子推翻。"为了避免这诅咒，克洛诺斯做出了一个残忍的决定：把生下来的孩子全吃掉。

瑞亚为克洛诺斯生了五个孩子，全都在刚出生时被父亲一口吞下。正怀着宙斯的瑞亚绝望之下铤而走险，前去寻求父母的帮助，他们建议她离开克洛诺斯，在克里特岛秘密地将孩子生下来，然后再回到丈夫身边并假装生产。瑞亚听从了他们的建议，到了该产下孩子时，她便将一块裹在襁褓中的石头送给了克洛诺斯。克洛诺斯吞下了石头，还得意自己又一次想办法挫败了宿命呢。

宙斯在克里特岛长成一个英俊健壮的青年。宙斯长大成人后知道了自己的身世，决心救出自己的兄长和姐姐们。他娶智慧女神墨提斯为妻，听从妻子的计谋，引诱父亲克洛诺斯服下了催吐药，克洛诺斯服药后不断呕吐，把他腹中的子女们都吐了出来。他们是波塞冬、哈得斯、赫拉、得墨忒耳、赫斯提亚。宙斯对其父的暴政极为反感，他联合众兄弟与其父辈进行了一场长达10年的战争，即提坦之战。最后，宙斯接受了堂兄弟普罗米修斯的劝告，到塔耳塔洛斯那里杀死了看守大门的卡姆伯，放出了囚禁在地下的独目巨人和百臂巨人。独目巨人三兄弟为得到拯救而感恩戴德，他们把霹雳和闪电作为礼物送给了宙斯；给波塞冬的是一把三叉戟，而给哈得斯的是一顶隐身帽。凶猛可怖的百臂巨灵冲出地面，直接参战。兄弟三人同时向提坦神们投掷了300块巨石，结果就把他们埋在巨石下面。借助独目巨人的宝物和百臂巨人的帮助，宙斯和他的兄弟们终于取得了胜利。他们的父亲和其他提坦神被打入了大地的最底层。伟大的胜利之后到了决定谁来作王，宙斯和他的兄弟们眼看又要开战，这时普罗米修斯提出用拈阄来决定。结果，宙斯掌管上天和人间，波塞冬成为主管江河海洋的海神，哈得斯做了冥界之王。宙斯坐镇奥林匹斯山，成为第三代天神。拥有无上的权力和力量，他是正义的引导者，他对人类的统治公正不偏。他的

学生必知的古希腊文明

旨意不易理解，他的决定不可改变，他的意愿是审慎的，正确无误的智慧结晶。宙斯既是众神之父也是人类之王，所以人们往往描绘他坐在精致的宝座上，肃穆的头部表现出驾驭风暴的力量，同时也显示控制星空的魅力。这组神话是希腊神话的初级阶段，大地母神该亚在这里起了突出的作用，杂乱性交、"血缘家庭"以及食人之风的痕迹反映得十分明显。这组神话大概产生在母系氏族公社时期，反映了蒙昧时代古希腊人对宇宙起源的想象。同时也反映了当时的婚姻关系以及妇女在社会生活中的重要作用。当现实生活中父权制取代母权制以后，希腊神话中便出现了以宙斯为中心的神圣大家族。

众神崇拜　奥林匹斯神系

　　奥林匹斯神是古代希腊神话传统崇拜的诸神中的主要神祇。这些神祇以宙斯为中心，居住在奥林匹斯山上。在这些神祇之中有12位神，相对其他神祇更为重要，被称为奥林匹斯12主神。不过，由于不同时期有不同的神被列入12主神之内，实际上享有这荣誉的神有14位。

　　奥林匹斯12主神的故事早在公元前6世纪就开始创作。而在这12位主神里，有10位一定会出现，他们分别为：宙斯、赫拉、波塞冬、阿瑞斯、赫耳墨斯、赫淮斯托斯、阿佛洛狄忒、雅典娜、阿波罗和阿耳忒弥斯。赫斯提亚本来是12主神之一，但为了与凡人一起生活，她把她的主神位置让了给狄俄尼索斯；得墨忒耳有半年的时间为了要与她在冥界的女儿珀耳塞福涅一起生活，便把她的主神位置让给冥王哈得斯。

　　奥林匹斯主神之所以赢得众神间的超然地位，在于宙斯与他的兄弟姊妹合力战胜了提坦巨神一族。在12主神中，宙斯与他的兄弟姊妹：赫拉、波塞冬、得墨忒耳、赫斯提亚及哈得斯6位就占了差不多一半的位置，而其余的主神大多数是宙斯与其他女神所生的子女，从他的脑袋生出的雅典娜是他和智慧女神墨提斯所生，他和赫拉生阿瑞斯，阿耳忒弥斯和阿波罗是他和勒托女神所生一对孪生姐弟，他还和风雨女神迈亚生下赫耳墨斯。除此之外赫拉独自生产了赫淮斯托斯，酒神狄俄尼索斯则是宙斯和一名凡间女子塞墨勒所生。

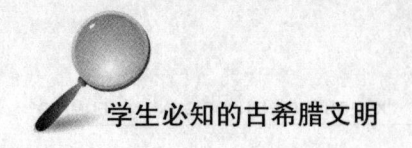

众神之父、万人之王

宙斯是克洛诺斯之子，万神之王，主管天空和人间，希腊神话中的至高神，掌握雷电，所以又被称为雷神。在母亲瑞亚的支持下，杀了父亲克洛诺斯，成为第三代天神。性格极为好色，常背着妻子赫拉与其他女神和凡人私通，私生子无数。

宙斯的象征物是雄鹰、橡树、王座和山峰；他最爱的祭品是母山羊和牛角涂成金色的白色公牛。

最高女神：赫拉

赫拉是克洛诺斯之女，宙斯的姐姐和妻子；她主管婚姻和生育，是妇女的保护神；赫拉气质高雅，容颜美丽，且对伴侣忠贞不渝，无愧于天后的地位，但她的善妒亦闻名于世。因此，赫拉和宙斯经常发生激烈争吵，不过，通常宙斯的花言巧语又总能让他们和好如初。赫拉是一位完美的女性——美丽、端庄，而且对她的丈夫完全忠贞。她从来没有和另一个什么人有过暧昧的关系，因此她便要求她的丈夫也要对婚姻忠诚。但是宙斯数不胜数的罗曼蒂克和艳遇使得她经常陷入强烈的妒忌与抱怨之中。

赫拉对于其丈夫的不忠无限恼怒。她甚至和雅典娜、波塞冬合谋推翻宙斯的统治，而且如果不是忒提斯施以援手的话，她还真就得逞了。

从那以后，赫拉便将她的怒火转到了与宙斯相爱的女神和凡尘间的女人及他们所生育的孩子身上，她延误了阿尔克墨涅的产期达9天时间，在赫勒克勒斯出生后，她又派一条巨蛇去扼杀这个新生婴儿；她说服怀孕的塞墨勒去要求宙斯以神的形象出现在她面前，并派遣提坦神肢解狄俄尼索斯，等等。

上述行为并未使赫拉的报复心理发泄净尽,所以她惩罚任何敢向她挑战的人。最能说明这一点的例子是帕里斯造成的剧变,他把金苹果判给了阿佛洛狄忒视其为最美丽的女神,使之风头盖过了赫拉。因此在特洛伊战争中,赫拉站在了希腊人一边,并给特洛伊阵营带来了诸多灾难。

海神:波塞冬

　　海之王,宙斯的哥哥,安菲特里特的丈夫,地位仅次于宙斯,是希腊神话中的12主神之一。与提坦神的提坦之战结束之后,波塞冬成为伟大而威严的海王,掌管环绕大陆的所有水域。有时被描写为半人半鱼的模样,性格凶暴残忍。他用令人战栗的地动山摇来统治他的王国。他能呼风唤雨,并且能够掀起或是平息狂暴的大海。手持三叉戟,他坐在铜蹄金鬃马驾的车里掠过海浪,统领海中所有生物。尽管他在奥林匹斯山有一席之地,但是大部分时间他都住在海洋深处他的灿烂夺目的金色宫殿里。
　　波塞冬经常手持三叉戟,这成了他的标志。当他愤怒时海底就会出现怪物,他挥动三叉戟就能引起海啸和地震,但象征他的圣兽海豚则显示出海的宁静和波塞冬亲切的神性。爱琴海附近的希腊海员和渔民对他极为崇拜。

太阳神:阿波罗

　　宙斯和勒托之子,月神和狩猎女神阿耳忒弥斯的孪生弟弟,希腊12主神之一,又名福波斯。阿波罗是希腊奥林匹斯教崇拜的主要神祇之一,他是希腊精神的具体体现。一切使希腊人与其他民族相区别,特别是使之与周围的野蛮民族相区别的东西——各种各样的美,无论是艺术、音乐、诗歌还是年轻、理智、克制——统统汇聚在阿波罗身上。

学生必知的古希腊文明

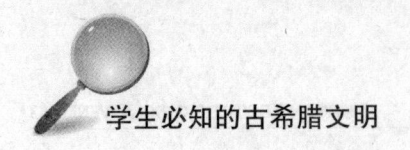

在奥林匹斯教中阿波罗主管光明、青春、医药、畜牧、音乐和诗歌，在众多的职能中，最重要的是代表宙斯宣昭神旨，即是预言之神。它是一切罪恶的防御者，并主管净化。阿波罗是古希腊人走向成熟的一种标志。

2000多年后，德国人尼采把阿波罗所代表的克制与理智命名为日神精神，把酒神精神留给放纵与痴狂。日神精神的克制与理智，酒神精神的放纵与痴狂是西方精神不可分割的两面，相辅相成，互衬互补，维持着西方人的精神平衡。

月桂树是他的圣木，最喜欢的宠物是海豚和乌鸦。

智慧女神：雅典娜

雅典娜是智慧及战争女神，奥林匹斯12主神之一，也是奥林匹斯3位处女神之一，是宙斯与墨提斯的女儿。诸神之王宙斯首先娶墨提斯为妻，她是神灵和凡人中最聪明的人，是理智和知识的化身。但有一个寓言，说她生下的孩子将比宙斯还要强大，宙斯害怕自己也落到父辈们的下场，于是也仿效父亲，吞食了怀孕的妻子。过了一段时间，宙斯头部剧烈疼痛，于是，他叫来了他的儿子赫淮斯托斯，命令将他的头劈开。赫淮斯托斯扬起斧子将宙斯的头盖骨劈开，而没有伤着他，于是威力强大的女战神，雅典娜便从宙斯的头里诞生出来。

在雅典娜的身上体现出父母的优点，她有宙斯一般的力量，墨提斯的智慧，所以她的实力超过了奥林匹斯山的所有神。她是最聪明的女神，是智慧与力量的完美结合。在神话中她不仅是一位少女形象的女战神，还有不少发明创造。她的事迹往往还和其他神祇尤其是波塞冬的事迹形成鲜明的对照，体现出文明进步的特征。她的发明有笛子、鼓、陶器、犁、耙、牛轭、马勒、马车、船。她教妇女烹调、纺织。作为城堡和城邦的保护神，雅典娜在希腊化的世界中得到广泛崇拜。许多城邦都建有她的神庙，

~ 128 ~

她的祭所往往设在有重要守卫意义的城堡里。雅典是崇拜雅典娜的中心，雅典人为他们的保护神雅典娜建造一座宏大的殿堂——雅典卫城的帕特农神庙。

阿瑞斯象征战争残酷冲动的一面，作为他的对立面，雅典娜代表着军事策略，象征着在计谋和智慧上更胜一筹，宁愿用法律手段解决争端。

眼睛在夜里发亮的猫头鹰，还有公鸡和毒蛇，对于眸子明亮的女神雅典娜来说，均为她的象征。

丰产女神：得墨忒耳

得墨忒耳是克罗诺斯与瑞亚的女儿，宙斯的二姐与第四位妻子。她掌管农业与丰产的女神，给予大地生机，教授人类耕种，她也是正义女神。她与宙斯生下珀耳塞福涅。珀耳塞福涅后来被得墨忒耳的哥哥哈得斯抢去做了冥后。因为失去女儿，她无心过问耕耘，令大地失去生机，直至宙斯出面，令她们母女重逢，大地才得以重生。

众神使者：赫耳墨斯

赫耳墨斯是希腊奥林匹斯12主神之一，罗马名字墨丘利，八大行星中的水星，宙斯与迈亚的儿子。他出生在阿耳卡狄亚的一个山洞里，因而他最早是阿耳卡狄亚的神，是强大的自然界的化身。奥林匹斯统一后，他成为畜牧之神，又由于他穿有飞翼的凉鞋，手持魔杖，能像思想一样敏捷地飞来飞去，故成为宙斯的传旨者和信使，是奥林匹斯山上最机灵的神。他也被视为行路者的保护神，人们在大路上立有他的神柱，又是商人的庇护神，也是雄辩之神。传说他发明了尺、数和字母。他聪明伶俐，机智狡猾，又被视为欺骗之术的创造者，他把诈骗术传给了自己的儿子。他还是七弦琴的发明者，是希腊各种竞技比赛的庇护神。后来他又与古埃及的智慧神托特混为一体，被认为是魔法的庇护者，他的魔杖可使神与人入睡，也可使他们从梦中醒来。

他动作敏捷幽雅，脚穿带翼凉鞋，头戴有翅膀的低冠帽，手握双蛇盘绕的金魔杖（为其特殊标志）。

匠神：赫淮斯托斯

赫淮斯托斯是火神、匠神，宙斯和赫拉之子。长得奇丑，跛足，是美丽神界的一大败笔！可人虽长得丑，却很温柔，热爱和平，在天庭人间都很受欢迎。相对应于罗马神话的乌尔坎铁匠之神，维纳斯的丈夫，英语中的火山一词（Volcano）来源于他的罗马名字。相传火山是他为众神打造武器的铁匠炉。他是诸神的铁匠，具有高超的技巧，制造了许多著名的武器、工具和艺术品。传说阿波罗驾驶的日车、厄洛斯的金箭、银箭、宙斯的神盾都是他铸制的。

爱与美之神：阿佛洛狄忒

阿佛洛狄忒，天神乌拉诺斯的女儿（也有传说是宙斯和大洋女神狄俄涅所生），在希腊语中，"阿佛洛狄忒"就是"从泡沫中诞生"的意思。罗马神话中称为维纳斯，拉丁语的金星（Venus）和"星期五"都来源于她的罗马名字。她是性爱与美貌女神，代表最感性的生活观。阿佛洛狄忒有着古希腊最完美的身材和样貌，象征爱情与女性的美丽，被认为是女性体格美的最高象征。因为阿佛洛狄忒的美貌，使众天神都追求她。宙斯也追求过她但遭拒绝，因此宙斯把她嫁给既丑陋又瘸腿的火神赫淮斯托斯。但是她爱的却是战神阿瑞斯，并和阿瑞斯生下了小爱神厄洛斯，还有一个儿女哈耳摩尼亚。作为爱情女神，她有一条神奇的宝腰带，在古希腊女子结婚时，要把自己织成的带子献给她。传说她的女祭司用肉体换钱来为之服务，这与当时的婚姻制度有关。她是众女神中最美的一位，也是被艺术家描写最多的一位。桃金娘是她的圣树，鸽子是她的爱鸟。天鹅和麻雀也很受她的宠爱。

月亮和狩猎女神：阿耳忒弥斯

阿耳忒弥斯，月亮和狩猎女神，又是美丽而纯洁的处女神。她很漂亮，思维敏捷，做事果断，奔跑迅速，因此总是不可能在一个地方逗留太长的时间。她是宙斯与勒托所生，很喜欢狩猎，上弦星月是她的弓，月亮是她的箭，所以也是狩猎女神。丝柏是她的圣木，鹿是她最喜欢的宠兽。

战神：阿瑞斯

阿瑞斯，古希腊神话中的战神，奥林匹斯12神之一，被视为尚武精神的化身。宙斯和赫拉所生。阿瑞斯性情暴戾，狂妄自矜，常与争执女神埃里斯以及嗜杀成性的埃尼奥为伍，专司不义之战。由于他极端好战，遭到宙斯以及众神的厌恶，往往给其对手以帮助。宙斯斥之为"神之最可憎者"。是智慧女神雅典娜的大敌和人类的祸灾。作为战神，阿瑞斯在奥林匹斯众神中占有一席之地，但希腊人对他的崇拜却不盛行。其原因就在于阿瑞斯所代表的战争精神与阿波罗和雅典娜所代表的文明进步与和平精神相悖的。雅典娜虽有作为女战神的一面，但却是她的次要性质，阿瑞斯作为战神，则始终是文明进步的抗拒者、毁灭者。所以只有少数希腊城邦有他的神庙。兀鹰是他的圣鸟，宠兽是狼。

酒神：狄俄尼索斯

好客的酒与狂欢之神，宙斯与凡间女子塞墨勒的儿子，唯一有凡人血统的正式神祇。众神中最接近人类的一位，他象征着非理性、放纵和激情；发明了葡萄酒，并推广了葡萄的种植。本身具有双重性格，他能给人带来欢乐和迷醉，但同时又残忍、易怒——正像酒一样。狄俄尼索斯，与罗马人信奉的巴克斯是同一位神祇，他是古代希腊色雷斯人信奉的葡萄酒之神，他不仅握有葡萄酒醉人的力量，还以布施欢乐与慈爱在当时成为极有感召力的神，他推动了古代社会的文明并确立了法则，维护着世界的和平。此外，他还护佑着希腊的农业与戏剧文化。而专属酒神的狄奥尼索斯狂欢仪式是最秘密的宗教仪式。

冥王：哈得斯

哈得斯：冥王，宙斯、波塞冬、赫拉的兄长，主管冥界，力量很强，但性格平和，众神中最神秘的神。他令人想到死亡，人们很少称呼他的真名，因为他始终穿着大衣，遮住脸和全身。除了抢夺丰产女神得墨忒耳的女儿珀耳塞福涅为妻外，无其他恶行。

人们死后，由引导之神赫耳墨斯带领他们的灵魂穿过黑暗，到达冥府。在这里，汹涌奔流着一条黑色的大河，阿刻戎河——即痛苦之河。大河阻住前进的道路，只有一个满面胡须的船夫卡隆可以将亡灵们摆渡到对岸。但是，亡灵必须交纳一定的过河费方可上船，否则将在痛苦之河的沿岸流浪，找不到归宿。

神人结合　凸显英雄本色

希腊神话中的英雄传说主要体现人类征服自然和社会的斗争。神话中的英雄都是神和人结合而生的，但实际上是集体力量和智慧的化身。英雄是神和人所生的后代，具有超人的本领，但是他们生活在人间，看到那些妖怪、凶兽和强盗妨碍人们的正常生活，他们就起来为人类除害，替人民造福。这些英雄的形象，也不是十全十美的，但比起神的形象就显得完整丰富得多了。英雄传说以不同的英雄为中心形成许多组神话。著名的英雄故事有：阿耳戈船英雄们的故事；特洛伊的故事；奥德修斯的故事；忒修斯的故事和古希腊最伟大的英雄赫拉克勒斯的故事等。这些英雄传说反映了古代希腊劳动人民在和大自然斗争中所表现出来的勤劳勇敢、机智刚强的品质。

赫拉克勒斯

赫拉克勒斯是希腊神话中的最伟大的英雄。罗马人称他海格力斯。他的父亲是宙斯，母亲是忒拜王安菲特律翁之妻阿尔克墨涅，珀耳修斯的后裔。阿尔克墨涅临产前，宙斯决定让这天诞生的珀耳修斯的后代统治迈锡尼。赫拉出于嫉妒，延缓阿尔克墨涅的分娩，同时使珀耳修斯之孙欧律斯透斯提前出生。赫拉克勒斯出生后被母亲丢到野地里，赫拉从旁经过，因不知情用自己的乳汁喂了他，他因此力大无比。出生8个月时，赫拉派两

学生必知的古希腊文明

条毒蛇去害他,被他扼死在摇篮里。长大后,卡斯托耳、马人喀戎等教会他各种武功和知识。他因无意中打死音乐老师,被安菲特律翁派到乡下放牧,曾杀死基泰戎猛狮,将狮皮披在身上(一说他披的是尼米亚猛狮的皮)。在走向生活之前,他拒绝了"恶德"女神的引诱,决心遵照美德女神的劝告,一生为人民造福。他18岁回到忒拜城,大败弥尼埃人,强迫他们向忒拜进贡。为了感谢他,忒拜王克瑞翁将女儿墨伽拉嫁给他为妻。

后来,欧律斯透斯召他服役。他去求神示,神示证实他应为欧律斯透斯完成12件苦差,并开始称他为赫拉克勒斯,意为"赫拉给予光荣的人"或"因受赫拉的迫害而建立功业的人"。赫拉借机使他神经错乱,将子女投进火里烧死。他为欧律斯透斯服役期间,完成了12件大功:1.扼死铜筋铁骨的涅墨亚森林的猛狮;2.杀死勒耳涅沼泽危害人畜的九头水蛇;3.生擒克律涅亚山里金角铜蹄的赤牡鹿(一说赫拉克勒斯不小心杀了它);4.活捉埃里曼托斯山密林里的大野猪;5.引河水清扫奥革阿斯积粪如山的牛圈;6.赶走斯廷法罗湖上的怪鸟;7.捕捉克里特岛发疯的公牛;8.把狄奥墨得斯的吃人的马群从色雷斯赶到迈锡尼;9.战胜阿马宗女人的首领希波吕忒,取来她的腰带;10.从埃里忒亚岛赶回革律翁的红牛,途中将两座峭岩立在地中海的尽头(即赫拉克勒斯石柱);11.获取赫斯佩里得斯圣园里的金苹果(为此曾代阿特拉斯支撑整个苍穹。路上还曾战胜该亚的儿子安泰);12.把冥府的三头狗刻尔柏罗斯带到人间,后又送回冥府。

获得自由以后,赫拉克勒斯离弃了墨伽拉,前往奥卡利亚,向欧律托斯的女儿伊奥勒求婚。这时恰遇主人的牛被偷,他为证明无辜,与欧律托斯的儿子一起出外寻找。赫拉使他发疯杀死了同伴。为了赎罪,他给吕底亚的女王翁法勒当了3年奴隶。传说他还曾参加阿耳戈船英雄们的远航和卡吕冬狩猎,攻打特洛伊王拉奥墨冬。他攻打皮罗斯时,哈得斯亲自为当地的王奈琉斯助战,被他重创。他后来娶卡吕冬的得伊阿涅拉为妻,带妻子去特拉基斯途中,马人涅索斯企图将他的妻子掠走,被他用毒箭射死。

马人临死前劝得伊阿涅拉收集他的毒血，以便将来用以恢复丈夫对她的热恋。赫拉克勒斯攻打奥卡利亚时，俘虏了伊奥勒，得伊阿涅拉担心被遗弃，把抹上毒血的衬衣送给丈夫。他穿上这件衣服以后，痛苦难忍，最后投火自尽。按照宙斯的意志，他成了奥林匹斯山的神，赫拉与他和解，把青春女神赫柏给他为妻。

阿耳戈船英雄们的故事

阿耳戈船英雄们的故事说的是科林斯的英雄伊阿宋率领一群希腊英雄到高加索的科尔喀斯岛寻取金羊毛的故事。"阿耳戈"是这群英雄所乘坐的大船的名字。英雄们为了寻找金羊毛，历尽艰难险阻。故事充满了奇幻色彩，曲折动人。但是，出乎意料的是，普遍感受最深的不是英雄的打斗场景，而是伊阿宋和美狄亚的一段故事。

美狄亚是埃厄忒斯国王的女儿，伊阿宋向她的父亲讨要金羊毛，国王不同意，于是就设置了重重困难。他不曾料想自己的女儿美狄亚爱上了伊阿宋，帮助伊阿宋偷走了金羊毛。美狄亚为了伊阿宋，背叛了自己的父亲，又不得已杀死了自己的兄弟，没有办法，她只得跟着伊阿宋逃走。伊阿宋当着神灵起誓：要一生一世忠于美狄亚。但事实是，伊阿宋违背了自己的诺言。于是，美狄亚开始疯狂的报复，她害死了伊阿宋的未婚妻，还杀死了自己和伊阿宋的两个孩子，让伊阿宋陷入绝望和痛苦中。最后，伊阿宋摆脱不了心魔，自刎而死。

在这样一个故事里面，出现了两个人物，一个是伊阿宋，一个是美狄亚。美狄亚很可怜，她为了帮助伊阿宋，欺骗了自己的父亲，杀死了自己的兄弟，背叛了自己的祖国。可以说为了伊阿宋，她付出了自己所能付出的一切，尊严、声誉、地位，这些远比性命要珍贵得多。所以，她一度想要自杀，但是想到伊阿宋，她还是放下了毒药，她最大的希望就是能跟着

学生必知的古希腊文明

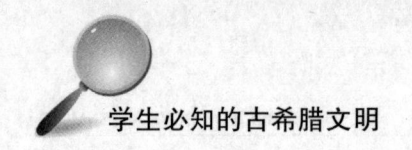

伊阿宋回到希腊，去一个谁都不认识自己的地方，开始新的生活。伊阿宋曾经允诺过她，还告诉她"假使你到希腊并到我家，所有的人都会像崇拜女神一样尊敬你，因为你使他们的儿子和丈夫免于死亡。你将是我一个人的，我们相爱至死。"美狄亚相信了，但是，在后来的日子里，伊阿宋背信弃义。美狄亚失望地悲泣："为什么我还要活下去，愿死神可怜我吧！让天上的神火将我击死！我在羞耻中逃离故乡，害死了兄弟，现在该惩罚我了！"美狄亚没有了容身之处，她的心中剩下的只是恨！这恨让她丧失了理智，她决定杀死自己的儿子，让伊阿宋陷入痛苦的深渊。当伊阿宋看到自己的孩子躺在地上，伤口流着鲜血，如同神坛上被杀死的羔羊一样，他崩溃了，这一切的罪恶都是自己违背诺言造成的。伊阿宋无法承受这丧子之痛，最后自刎而死。

这是一个典型的悲剧。鲁迅先生说过："悲剧是将人生有价值的东西毁灭给人看！"这个故事就是要告诉人们，诚信是极其重要的，一旦你丧失了它，你将看到是人性的毁灭！故事里毁灭的仅仅是伊阿宋？不，美狄亚也毁了，他们的孩子也死了，格劳刻也死了，人们对于伊阿宋的敬意也死了，在他们的心中，伊阿宋不再是一个英雄了……

忒修斯

忒修斯是雅典国王埃勾斯和埃特拉的私生子。埃勾斯没有儿子，因此，他十分惧怕有50个儿子并对他怀有敌意的兄弟帕拉斯。他想瞒着妻子，悄悄再婚，希望生个儿子，安慰他的晚年，并继承他的王位。他把自己的心思吐露给朋友特洛曾国王庇透斯。幸运的是，庇透斯正好得到一则神谕，说他的女儿不会有公开的婚姻，却会生下一个有名望的儿子。于是庇透斯决意把女儿埃特拉悄悄地嫁给埃勾斯，尽管埃勾斯已有妻室。埃勾斯与埃特拉结了婚，在特洛曾待了几天后回到雅典。他在海边跟新婚的妻子告别，告别时他把一把宝剑和一双绊鞋放在海边的一块巨石下，说："如果神祇保佑我们，并赐给你一个儿子，那就请你悄悄地把他抚养长大，不要让任何人知道孩子的父亲是谁。等到孩子长大成人，身强力壮，能够搬动这块岩石的时候，你将他带到这里来。让他取出宝剑和绊鞋，叫他到雅典来找我！"

埃特拉果然生了一个儿子，取名忒修斯。忒修斯在外公庇透斯的托养下长大。他不仅健壮英俊，而且沉着机智，勇猛过人。一天，母亲埃特拉把儿子带到海边的岩石旁，向他吐露了他的真实身世，并要他取出可以向他父亲埃勾斯证明自己身份的宝剑和绊鞋，然后带上它们到雅典去。忒修斯抱住巨石，毫不费力地把它掀到一旁。他佩上宝剑，又把鞋子穿在脚上。尽管母亲和外祖父一再要求他走海道，可是他却不愿意乘船。那时候从哥林多地峡前往雅典的陆路到处有拦路的强盗和恶徒。可是忒修斯决心以赫拉克勒斯为榜样。当忒修斯只有5岁的时候，赫拉克勒斯前来拜访过他的外祖父。忒修斯也荣幸地跟大英雄同桌用餐。自从这次见了赫拉克勒斯以后，他一直仰慕这位英雄，并想着将来怎样像他一样建立功绩。所以，沿途他模仿大英雄赫拉克勒斯那样为民除害，杀死了一个又一个强盗匪徒：1. 战胜用铁棒杀害过往行人外号叫"棒子手"的佩里弗特斯；2. 杀死扳树贼辛尼斯；3. 斩除妖孽凶猛的野猪费亚；4. 制服无恶不作的大盗斯喀戎并如法炮制，把他一脚踢进大海里淹死；5. 在埃琉西斯城附近与强盗刻耳库翁搏斗，并将其勒死；6. 以其人之道还治其人之身，将"铁床匪"普洛克儒斯忒斯处死。

当然，忒修斯的最大功劳就是杀死了吃人的怪物牛头人身的米诺牛。

希腊神话合理地解释了天地的起源、人类的诞生、四季的更替、命运的奥秘，讴歌了自然的壮丽、英雄的勇敢、生活的波澜和爱情的永恒。正是这些理解所体现的人类之童真，赋予了希腊神话以永久的魅力；正是这种讴歌所抒发的人类之真情，赋予了希腊神话以灿烂的光辉。希腊神话的

学生必知的古希腊文明

意义是多方面的,就其本身来说,它们是希腊文学的宝库,这些神话本身的思想性和艺术性都达到了相当的高度。因此他们被认为是希腊文学的不可分割的组成部分。而就其影响而言,它们又是希腊文学艺术的土壤。希腊的一切文学艺术品,从史诗、悲剧以至造型艺术,无不大量采用神话作为创作的题材。不仅如此,希腊神话对希腊哲学的发展也产生过影响。综合古希腊文艺和哲学发展的情况,可以说希腊神话是希腊精神文明的始出和源头。

"数"与"形"的神奇妙用

希腊人勇于探索的科学精神，对希腊社会生活和文化教育领域产生了极大影响，使希腊处处洋溢着浓厚的科学气氛。这一切都在希腊化时代获得了极大的收获。

泰勒斯

泰勒斯在数学方面划时代的贡献是引入了命题证明的思想。它标志着人们对客观事物的认识从经验上升到理论，这在数学史上是一次不寻常的飞跃。在数学中引入逻辑证明，它的重要意义在于：保证了命题的正确性；揭示各定理之间的内在联系，使数学构成一个严密的体系，为进一步发展打下基础；使数学命题具有充分的说服力，令人深信不疑。泰勒斯在几何学方面也颇有造诣，据说是他第一个把埃及的几何学带回希腊的。几何学的一些基本命题都是他最早提出的。在埃及的时候，他应用相似三角形原理，测出了金字塔的高度，使埃及法老阿美西斯（二十六王朝法老）大为惊讶。

毕达哥拉斯

毕达哥拉斯认为数虽然是抽象的，但又是奇妙无穷的。它是一个单

位，它占有一定的空间，是有形的。数的开端是"1"。"1"形成点，"2"则是两个小点，而两点会连成一条线。同理，"3"则形成面，"4"则形成体，体便形成万物。如三面体形成土，四面体形成火，八面体形成气，二十四面体形成水，如此等等。毕达哥拉斯进一步推论说，一切抽象的东西或社会现象同样也是由数构成的。如"1"表示理性，因为它是万物不变的本原；"2"表示意见，因为它包含了对立与否定；"4"和"9"是正义与公平，因为它是相等的数对相等的数，即2×2=4或3×3=9；"7"是死亡，因为它既无因数又非倍数；"8"是爱情，8度音最和谐；"10"则是一个极为玄妙、神圣、完满的数，因为它是点、线、形、体的总和，即1+2+3+4=10。毕达哥拉斯还提出排列卵石或符号的计数方法。如果我们将卵石排列成行，第一行放一个，以下每行都比上一行多放一个，这样我们就可以得到一个"三角形"数。特别意义在1+2+3+4=10这种四行三角形数里面。相似地，连续奇数之和可以得到一个"正方形"数；而连续偶数之和则可以产生一个"长方形"数。在几何学方面，毕达哥拉斯学派发现了"直角三角形两直角边平方和等于斜边平方"，西方人称之为毕达哥拉斯定理，我国称为勾股定理。当今数学上又有"毕达哥拉斯三元数组"的概念，指的是可作为直角三角形三条边的三数组的集合。毕达哥拉斯学派还证明了"三角形内角之和等于两个直角"的论断；研究了黄金分割；发现了正五角形和相似多边形的做法；还证明了正多面体只有五种——正四面体、正六面体、正八面体、正十二面体和正二十面体。

总之，毕达哥拉斯学派认为数最崇高，最神秘，他们所讲的数是指整数。"数即万物"，也就是说宇宙间各种关系都可以用整数或整数之比来表达。但是，有一个名叫希帕索斯的学生发现，边长为1的正方形，它的对角线（根2）却不能用整数之比来表达。这就触犯了这个学派的信条，于是规定了一条纪律：谁都不准泄露存在根2（即无理数）的秘密。天真的希帕索斯无意中向别人谈到了他的发现，结果被石沉大海给淹死了。但根

2很快就引起了数学思想的大革命。科学史上把这件事称为"第一次数学危机"。希帕索斯为根2殉难留下的教训是：科学是没有止境的，谁为科学划定禁区，谁就变成科学的敌人，最终被科学所埋葬。

"数学圣经"

欧几里得生于雅典，是柏拉图的学生。他的科学活动主要是在亚历山大进行的，在这里，他建立了以他为首的数学学派。据说，亚历山大国王多禄米曾师从欧几里得学习几何，有一次对于欧几里得一遍又一遍地解释他的原理表示不耐烦。

国王问道："有没有比你的方法简捷一些的学习几何学的途径？"

欧几里得答道："陛下，在几何学里是没有什么皇家大道的。"回答之妙一语双关。这番话后来推广为"求知无坦途"，成为传诵千古的箴言。

欧几里得，以他的巨著《几何原本》而著称于世。德摩根曾说，除了《圣经》，再也没有任何一种书像《几何原本》这样拥有如此众多的读者，被译成如此多的语言。从1482年到19世纪末，《几何原本》的各种版本竟用各种语言出了1 000版以上。而欧几里得本人的贡献主要表现在材料组织和逻辑推导的卓越天才上。他的工作重大意义在于把前人的数学成果加以系统的整理和总结，以严密的演绎逻辑，把建立在一些公理之上的初等几何学知识构成为一个严整的体系。欧几里得建立起来的几何学体系之严谨和完整，就连20世纪最杰出的大科学家爱因斯坦也不能对他不另眼相看。爱因斯坦说："一个人当他最初接触欧几里得几何学时，如果不曾为它的明晰性和可靠性所感动，那么他是不会成为一个科学家的。"《几何原本》中的数学内容也许没有多少为他所创，但是关于公理的选择，定理的排列以及一些严密的证明无疑是他的功劳，在这方面，他的工作出色无比。正如乔治·萨顿所说："《几何原本》是一座巨大的里程碑，它像帕特农神庙一样和谐、优雅、简明而令人惊叹不已,但他又具有帕特农神庙无可比拟的崇高和持久。"

阿基米德

阿基米德(约前287—前212)是古代最伟大的数学家,物理学集大成者。阿基米德生于西西里岛的叙拉古。他出身于贵族家庭,十分富有。他的父亲是天文学家兼数学家。11岁时,被送到亚历山大里亚城去学习。公元前240年,阿基米德回叙古拉,当了赫农王的顾问。

有人说,除了伟大的牛顿和伟大的爱因斯坦之外,再没有一个人像阿基米德那样为人类的进步做出如此大的贡献。他是"理论天才与实验天才合于一人的理想化身",文艺复兴时期的达·芬奇和伽利略等人都拿他来做自己的楷模。阿基米德无可争议的是古希腊最伟大的数学家及科学家之一。

力学方面 阿基米德在力学方面的成绩最为突出,流体静力学和静力学是与他的名字联系在一起的,是这两门科学的奠基人。相传希耶隆二世制造了一顶金王冠,但是,他总是怀疑金匠偷了他的金,在王冠中掺了银。

于是,他请来阿基米德鉴定,条件是不许弄坏王冠。当时,人们并不知道不同的物质有不同的比重,阿基米德冥思苦想了好多天,也没有好的办法。有一天,他去洗澡,刚躺进盛满温水的浴盆时,水便漫溢出来,而他则感到自己的身体在微微上浮。于是他忽然想到,相同重量的物体,由于体积的不同,排出的水量也不同……他不再洗澡,从浴盆中跳出来,大声喊着:"尤里卡发现了!"他一丝不挂地从大街上跑回家。当他的仆人气喘吁吁地追回家时,阿基米德已经在做实验;他把王冠放到盛满水的盆中,量出溢出的水,又把同样重量的纯金放到盛满水的盆中,但溢出的水比刚才溢出的少，于是，他得出金匠在王冠中掺了银子。由此，他发现了浮力原理，并在名著《论浮体》记载了这个原理，人们今天称之为阿基米德原理。为了纪念这一发现及其象征意义，现代世界著名的发明博览会就以"尤里卡"命名。与流体静力学的发现相比毫不逊色是阿基米德关于杠杆作用的原理和实践。在总结前人经验的基础上，阿基米德系统地研究了物体的重心和杠杆原理，提出了精确地确定物体重心的方法，指出在物体的中心处支起来，就能使物体保持平衡。他系统并严格的证明了杠杆定律，为静力学奠定了基础。赫农王对阿基米德的理论持半信半疑的态度。他要求阿基米德将它们变成活生生的例子以使人信服。阿基米德说："给我一个支点，我就能撬动地球。"国王说："这恐怕实现不了，你还是来帮我拖动海岸上的那条大船吧。"当时赫农王为埃及国王制造了一条船，体积大，相当重，因为不能挪动，搁浅在海岸上很多天。阿基米德满口答应下来。阿基米德设计了一套复杂的杠杆滑轮系统安装在船上，将绳索的一端交到赫农王手上。赫农王轻轻拉动绳索，奇迹出现了，大船缓缓地挪动起来，最终下到海里。国王惊讶之余，十分佩服阿基米德，并派人贴出告示"今后，无论阿基米德说什么，都要相信他。"

他在数学上更有着极为光辉灿烂的成就。美国的E.T.贝尔在《数学人物》上是这样评价阿基米德的："任何一张开列有史以来三位最伟大的数学家的名单之中，必定会包括阿基米德，而另外两个通常是牛顿和高斯。"

几何学方面

阿基米德确定了抛物线弓形、螺线、圆形的面积以及椭球体、抛物面体等各种复杂几何体的表面积和体积的计算方法。在推演这些公式的过程中，他创立了"穷竭法"，即我们今天所说的逐步近似求极限的方法，这已经蕴涵着微积分的思想，他所缺的是没有极限概念，但其思想实质却伸

学生必知的古希腊文明

展到１７世纪趋于成熟的无穷小分析领域里去，预告了微积分的诞生。因而被公认为微积分计算的鼻祖。关于球面积和球体积的计算的发现是阿基米德最引为自豪的，他嘱咐后人，将一个有内接球体的圆柱体图案，刻在他的墓碑上作为墓志铭。他用圆内接多边形与外切多边形边数增多、面积逐渐接近的方法，比较精确地求出了圆周率。面对古希腊烦冗的数字表示方式，阿基米德还首创了记大数的方法，突破了当时用希腊字母计数不能超过一万的局限，并用它解决了许多数学难题。

战争史上的一个奇观

公元前215年，罗马军队在统帅马塞拉斯的指挥下围攻叙拉古城，这时，年已过七旬的阿基米德，也立刻竭尽自己的所有才能，帮助祖国，打击敌人。结果罗马军队屡屡受挫，原因是阿基米德用"新式武器"装备了叙拉古军队，使罗马海军望而生畏。由于这些奇怪的新式武器，使得罗马人的攻城行动久久不能得逞。马塞拉斯苦笑说，这是一场整个罗马军团与阿基米德一个人之间的战争。

攻城3年后，由于内部出现叛徒，叙拉古城终于在里应外合下被攻破。马塞拉斯知道阿基米德的价值，据说下令不得伤害这位神奇的老人。可是命令尚未下达到基层，城池已经攻破。一位罗马士兵闯进阿基米德的住宅时，阿基米德正在沙地上演算一道几何难题。他由于过于专注于演绎的逻辑，没有意识到危险正在迫近。杀红了眼的士兵高声喝问没有得到答复便拔刀刺向沉思中的阿基米德，阿基米德只叫了一声"不要踩坏了我的圆"便被罗马士兵一刀刺死，终年75岁。阿基米德的遗体葬在西西里岛，墓碑上刻着一个圆柱内切球的图形，以纪念他在几何学上的卓越贡献。

阿波罗尼奥斯

阿波罗尼奥斯约公元前262年生于佩尔格，约公元前190年去世。他的著作《圆锥曲线论》是古代世界光辉的科学成果，它将圆锥曲线的性质网罗殆尽，几乎使后人没有插足的余地。《圆锥曲线论》是一部经典巨著，它可以说是代表了希腊几何的最高水平，直到17世纪的帕斯卡尔和笛卡儿才有新的突破。《圆锥曲线论》共8卷，前4卷的希腊文本和其次3卷的阿拉伯文本保存了下来，最后一卷遗失。此书集前人之大成，且提出很多新的性质。他推广了梅内克缪斯（公元前4世纪，最早系统研究圆锥曲线的希腊数学家）的方法，证明三种圆锥曲线都可以由同一个圆锥体截取而得，并给出抛物线、椭圆、双曲线、正焦弦等名称。书中已有坐标制思想。他以圆锥体底面直径作为横坐标，过顶点的垂线作为纵坐标，这给后世坐标几何的建立以很大的启发。他在解释太阳系内五大行星的运动时，提出了本轮均轮偏心模型，为托勒密的地心说提供了工具。

阿波罗尼奥斯常和欧几里得、阿基米德合称为亚历山大前期三大数学家，时间约是公元前300年到前200年，这是希腊数学的全盛时期或"黄金时代"。

学生必知的古希腊文明

经天纬地　天文地理之大成

科学和哲学在人类文明的早期阶段是没有分割的，学者们以追求知识和真理为己任，而不管这些学问是关于具体物理的自然科学，还是关于思想和灵魂的哲学。总之，那时科学与哲学是一个整体，科学家同时也是哲学家。到公元前5世纪，希腊的自然科学尚未有条理性，更没有进入试验阶段。但那时在数学、几何、物理、天文、地理以及医学等方面的知识已逐渐朝着系统理论的方向发展。近代西方科学的所有思想都起源于古希腊。

米利都学派是第一个试图从理性思考的角度说明天象的学派，其创始人泰勒斯利用在巴比伦或埃及得到的天文知识，预报了公元前585年5月28日的日食，制止了美地亚国和吕地亚国间连续5年的激烈战争。米利都学派的另外两位哲学家对天体现象也做过许多精辟的论述。毕达哥拉斯学派以数学研究带动对天文学的研究，提出了一个非常大胆的假说。根据这个假说，世界的中心不是地球，而是一团火。地球是围绕着这团火旋转的一个球体，这种关于天体整体运行的推测为太阳中心说奠定了基础。

希腊化时代，希腊文明与东方文明的接触与交流达到前所未有的广度和深度，希腊人充分利用了这个机会，把他们的理论思维与埃及、两河流域的天文、地理资料结合起来，促进了天文学与地理学的大发展。这时期出现了三位伟大的科学家：阿里斯塔克、埃拉托色尼和希帕库斯。

阿里斯塔克

古希腊天文学晚期最著名的是亚历山大学派,阿里斯塔克(约前310—前230)是这一学派早期的代表人物,是他把天文学真正发展为一门科学。大约公元前280年,身为亚历山大图书馆馆长的他,最先提出了"太阳中心说",认为地球自转并围绕太阳旋转。在《太阳月球的大小和距离》一文中,他叙述了从日食、月食中月球和地球的阴影比例大小,推测太阳实际上比地球大得多,月球比地球小。又由月球在上弦和下弦间的夹角,推测出太阳距离地球是月球距离地球的10倍。阿里斯塔克斯认为太阳、月球和地球在每个月的首个或最后的四分之一时期内,构成了一个近似的直角三角形。他估计最大角约为87°。尽管他应用的几何理论没有错,但由于观测数据有偏差,他得出了日地距离是月地距离的20倍的结论。事实上,前者是后者的390倍。阿里斯塔克斯指出,月球和太阳有几乎相同的视角,因此他们的直径与他们到地球的距离是成正比的。尽管这符合逻辑,但是这依然是一个错误的结论。但是,这指出了太阳明显大于地球,恰恰可以用来证明日心说模型。

埃拉托色尼

埃拉托色尼(前275—前193)生于希腊在非洲北部的殖民地昔勒尼(在今利比亚)。他在昔勒尼和雅典接受了良好的教育,成为一位博学的哲学家、诗人、天文学家和地理学家。他的兴趣是多方面的,不过他的成就则主要表现在地理学和天文学方面。

埃拉托色尼曾应埃及国王的聘请,任皇家教师,并被任命为亚历山大里亚图书馆一级研究员。从公元前234年起接任图书馆馆长。馆长之职在

学生必知的古希腊文明

当时是希腊学术界最有权威的职位,通常授予德高望重、众望所归的学者。埃拉托色尼担任馆长直到他逝世为止,这也说明了他在古希腊学术界享有很高的声誉。

埃拉托色尼被西方地理学家推崇为"地理学之父",除了他在测地学和地理学方面的杰出贡献外,另一个重要原因是因为他第一个创用了西文"地理学"这个词汇,并用它作为《地理学概论》的书名。这是该词汇的第一次出现和使用,后来广泛应用开来,成为西方各国通用学术词汇。

埃拉托色尼充分地利用了他担任亚历山大里亚图书馆馆长职位之便,十分出色地利用了馆藏丰富的地理资料和地图。他的天才使他能够在占有文献资料的基础上,作出科学的创新。埃拉托色尼在地理学方面的杰出贡献,集中地反映在他的两部代表著作中,即《地球大小的修正》和《地理学概论》二书。前者论述了地球的形状,并以地球圆周计算为著名。他创立了精确测算地球圆周的科学方法,其精确程度令人为之惊叹;后者是有人居住世界部分的地图及其描述。在该书中,他系统地提出了采用经纬网格编绘世界地图的方法,全面地改绘了爱奥尼亚地图。他以精确的测量为依据,将得到的所有天文学和测地学的成果尽量结合起来,因而他所编绘的世界地图不仅在当时具有权威性,而且成为其后一切古代地图的基础。埃拉托色尼的这两部地理著作不幸都失传了,不过通过保存下来的残篇,特别是斯特拉波的引文,后世对它们的内容,以及作者的精辟见解有一定的了解。

希帕库斯

希帕库斯约公元前180年生于小亚细亚的比提尼亚,即今土耳其西北角的伊兹尼克,公元前127年卒于罗得岛。他是古希腊著名的天文学家、数学家、地理学家。希帕库斯生活的年代,是以他的天文观测为依据的。这些观测后来记载在托勒密的《天文学大成》中。他在罗得岛建立了天文台，并发明了许多天文仪，按照巴比伦的方式把天文仪上的圆周划为360°，被后人称之为"天文学之父"。希帕库斯所测量的黄赤交角比埃拉托色尼更精确。他确定的一年时间的长短，误差小于6分钟。他花了大量的时间绘制一个精密的星表，这是希帕库斯一大功劳。根据普林尼（23—79）的记载，希帕库斯看到一颗星突然大放光明而且在众星间移动。经后世学者考证，认为是一颗新星。又和中国古书记录对照，确定是发生在公元前134年天蝎座的新星。

对恒星的观察，使希帕库斯做出了他一生最重大的贡献，就是发现了"岁差"。岁差是春分点在黄道上退行的现象。天体在天球上的位置，是以春分点为标准的，即春分点是坐标的原点。希帕库斯积累了多年的观测数据，和古代的记录比较，发现许多恒星的黄经有系统的变动。这种天极的移动称为"岁差"。希帕库斯测量岁差为每年36秒，而实际上是50秒左右。希帕库斯在数学上开创性的成就，是发明了三角学。

最负盛名的天文家

在古希腊天文学方面，后世最负盛名的天文学家当属托勒密，他生活于公元1世纪至公元2世纪的罗马帝国时代，但他所总结的还是希腊人的成就，是天文学的集大成者。其主要代表作是流传下来的《天文学大成》共13卷，详细论证了地心体系的构造，太阳、月亮的运动，计算月地距离和日地距离及日食、月食的方法，行星的运动等问题，涉及了天文学的各个方面。他创立了地球中心说，即托勒密地心学说。在以后近2 000年里托勒密学说被奉为天文学的"圣经"，在天文学上统治约1 300多年。

托勒密（约90—168），古希腊天文、地理、地图、数学家。公元127年，年轻的托勒密被送到亚历山大去求学。在那里，他阅读了不少的书籍，并且学会了天文测量和大地测量。他曾长期住在亚历山大城，直到151年。托勒密于公元2世纪，提出了自己的宇宙结构学说，即"地心说"。主张地球处于宇宙中心，且静止不动，日、月、行星和恒星均环绕地球运行。托勒密这个不反映宇宙实际结构的数学图景，却较为完满的解释了当时观测到的行星运动情况，并取得了航海上的实用价值，从而被人们广为信奉。托勒密本人声称他的体系并不具有物理的真实性，而只是一个计算天体位置的数学方案。至于教会利用和维护地心说，那是托勒密死后1000多年的事情了。除了在天文学方面的造诣，托勒密在地理学上也做出了出色的成就。他认为，地理学的研究对象应为整个地球，主要研究其形状、大小、经纬度的测定以及地图投影的方法等。他制造了测量经纬度用的类似浑天仪的仪器（星盘）和后来驰名欧洲的角距测量仪。托勒密有地理学著作8卷，其中6卷都是用经纬度标明的地点位置表。他的多数地点位置好像都是根据他的本初子午线和用弧度来表现的平纬圈之间的距离来计算的，因为他的经度没有一个是从天文学上测定的，只有少数纬度是这样测定的。托勒密采用了波昔东尼斯测定的地球周长的较小数值，这就使得他所有用弧度表现的陆向距离都夸大了，因为他把每一弧度的距离定为500希腊里，而不是600希腊里。这样一来，从欧洲到亚洲横贯大西洋的洋面距离，看上去就比埃拉托斯特尼的计算值小得多，这项计算最后还导致了哥伦布从西面驶往亚洲的企图。

生命探幽　制定医德誓言

医药之父希波克拉底于公元前460年出生于小亚细亚科斯岛的一个医生世家，祖父、父亲都是医生，母亲是接生婆。在古希腊，医生的职业是父子相传的，所以希波克拉底从小就跟随父亲学医。父母去世后，他在希腊、小亚细亚、里海沿岸、北非等地一面游历，一面行医，从而增长了知识，接触了民间医学。那时，古希腊医学受到宗教迷信的禁锢。巫师们只会用念咒文，施魔法，进行祈祷的办法为人治病。

公元前430年，雅典发生了可怕的瘟疫。对这种索命的疾病，人们避之唯恐不及。但希波克拉底却冒着生命危险前往雅典救治。他一面调查疫情，一面探寻病因及解救方法。不久，他发现全城只有每天和火打交道的铁匠没有染上瘟疫，他由此设想，或许火可以防疫，于是在全城各处燃起火堆来扑灭瘟疫。希波克拉底指出的癫痫病的病因被现代医学认为是正确的，他提出的这个病名，也一直沿用至今。希波克拉底对骨折病人提出的治疗方法，后来被证明是合乎科学道理的。为了纪念他，后人将用于牵引和其他矫形操作的臼床称为"希波克拉底臼床"。

希波克拉底最大的贡献是把医学作为一门科学，从原始巫术中独立出来，以理性的态度对待生病、治病。他在医疗方面的基本原则是：服从自然。只有在自然本身不能自愈的前提下，才断然采用外科医术。他认为健康是正常状态，而疾病是反常状态。因此，如果病得不重的话，"自然"将帮助人重获健康，医生的主要责任就是站在"自然"一边并帮助它，尽可能解除病人的痛苦，促进其身体与精神的恢复。

　　为了抵制"神赐疾病"的谬说，希波克拉底积极探索人的肌体特征和疾病的成因，提出了著名的"体液学说"。他认为复杂的人体是由血液、黏液、黄胆、黑胆这四种体液组成的，四种体液在人体内的比例不同，形成了人的不同气质。人所以会得病，就是由于四种液体不平衡造成的。而液体失调又是外界因素影响的结果。他把疾病看作是发展着的现象，认为医师所应医治的不仅是病而是病人；从而改变了当时医学中以巫术和宗教为根据的观念。主张在治疗上注意病人的个性特征、环境因素和生活方式对患病的影响。重视卫生饮食疗法，但也不忽视药物治疗，尤其注意对症治疗和预防。他认为饮食与锻炼是比药物更有价值的治疗手段。从临床的角度来看，希波克拉底的所有作品中最著名的就是他对真实病例的记述。现今保存下来的共有42份，全部都是短小精致，可以看到他对痛风、关节炎、结核病、癫痫等病的经典描述。对骨骼、关节、肌肉等都很有研究。他的医学观点对以后西方医学的发展有巨大影响。

　　现在看来，希波克拉底对人的气质的成因的解释并不正确，但他提出的气质类型的名称及划分，却一直沿用至今。那时，尸体解剖为宗教与习俗所禁止，希波克拉底勇敢地冲破禁令，秘密进行了人体解剖，获得了许多关于人体结构的知识。在他最著名的外科著作《头颅创伤》中，详细描绘了头颅损伤和裂缝等病例，提出了施行手术的方法。其中关于手术的记载非常精细，所用语言也非常确切，足以证明这是他亲身实践的经验总结。在他的题为《箴言》的论文集中，辑录了许多关于医学和人生方面的至理名言，如"人生短促，技艺长存"；"机遇诚难得，试验有风险，决断更可贵"；"暴食伤身"；"无故困倦是疾病的前兆"；"简陋而可口的饮食比精美但不可口的饮食更有益"；"寄希望于自然"等，这些经验之谈脍炙人口，至今仍给人以启示。

　　古代西方医生在开业时都要宣读一份有关医务道德的誓词："我要遵

守誓约，矢志不渝。对传授我医术的老师，我要像父母一样敬重。对我的儿子、老师的儿子以及我的门徒，我要悉心传授医学知识。我要竭尽全力，采取我认为有利于病人的医疗措施，不能给病人带来痛苦与危害。我不把毒药给任何人，也决不授意别人使用它。我要清清白白地行医和生活。无论进入谁家，只是为了治病，不为所欲为，不接受贿赂，不勾引异性。对看到或听到不应外传的私生活，我决不泄露。"这个医德规范的制定者就是希波克拉底。这些内容包含了医生的主要职业规范，因而在西方传承了两千多年。1948年，世界医协大会对这个誓言加以修改，定名为《日内瓦宣言》。后来又通过决议，把它作为国际医务道德规范。由此可见，希波克拉底对后世的伟大贡献。

公元前377年，希波克拉底逝世，终年83岁。

阿斯克勒庇俄斯之杖

阿斯克勒庇俄斯是太阳神阿波罗和塞萨利公主科洛尼斯之子。但是科洛尼斯怀孕时，又爱上了凡人伊斯库斯。愤怒的阿波罗叫他姐姐月亮神阿耳忒弥斯射死了她。在火化时，阿波罗从尸体中救出尚未出生的阿斯克勒庇俄斯，并交给了贤明的马人喀戎。喀戎将阿斯克勒庇俄斯抚养成人，教他学习医术和狩猎。阿斯克勒庇俄斯的医术越来越精，并从智慧女神雅典娜那里得到了一小瓶蛇发女妖美杜萨不可思议的血液：从左边的血管取的，这就是一种致命的毒药；但是如果从右边的血管取的，这血液就可令人起死回生。天神宙斯对此事十分震怒，因为这威胁到了只有神才拥有的"不朽"，于是用雷劈死了阿斯克勒庇俄斯。被激怒的阿波罗为了报复，射死了为宙斯锻造雷矢的独目三巨人库克罗珀斯。宙斯大怒，将阿波罗罚往特洛伊为凡人修筑城墙，却也将阿斯克勒庇俄斯升上天空，化为蛇夫座，人们也将阿斯克勒庇俄斯奉为医神。他的形象为一位蓄着胡须，手持蛇杖的中年男子，在罗马他被叫作埃斯库拉庇乌斯。阿斯克勒庇俄斯的妻子是抚慰女神厄庇俄涅，他的儿女也全都医务神人。

　　阿斯克勒庇俄斯之杖，又称为蛇杖，是一种象征医疗的标志。木棒代表着人体的脊椎骨，也是人体中代表现在、进化和灵性升进的"中脉"。缠绕在木棒睫的蛇则是因为希腊人认为，每年都会蜕皮的蛇象征恢复和更新的过程，同时也与人类DNA分子结构形态相似。

古希腊解剖家

　　赫罗菲拉斯是古希腊解剖学家。公元前约320年生于凯尔西顿（今土耳其伊斯坦布尔郊区卡迪柯伊），卒期不详。在亚历山大早期，不仅有关人体的科学而且生物科学都达到了新的高峰。赫罗菲拉斯在亚历山大的工作，证实了他自己是第一个细心的解剖学家，也是第一个当众进行解剖表演的人，总共可能达600次。他刻苦钻研了人体结构和动物结构的比较。在基督教以前的时代，希腊学者没有对解剖人体的做法，确实，按照柏拉图的观点，人体与灵魂相比是微不足道的。当时把尸体仅仅看作是一堆肉，加以切割是不会受到惩罚的。但是，在埃及当地人看来，解剖人体可是件大逆不道之事。（几百年后，早期基督教神父认为，进行活体解剖是异教徒残害之例。这是来自塞尔苏斯的论述，或许有所夸大。但可以相当肯定地说，过去没有进行过有意安排好的活体解剖，即使对尸体的一般解剖也为数有限，否则古代人就不会在解剖方面犯有某些错误了。）赫罗菲拉斯对描述脑子特别感兴趣。他把神经分为感觉神经（指接受感觉信号的）和运动神经（指刺激运动的）。他还叙述了肝和脾。他描述了眼睛和视网膜并给它取了名字，还给肠子的第一段定名为十二指肠。他对生殖系统进行了研究，故关于卵巢和从子宫到卵巢的管道也有所描述。他还注意到了前列腺，并给它取了名字。他注意到动脉不同于静脉，是跳动的，并用水钟来测定脉搏的时间，但他未能弄清动脉搏动和心跳之间的关系。他认为动脉是运输血液的，他还以为放血具有治疗价值。他强调放血这一论点，在医学上起了有害作用达2 000年之久。伊雷西斯垂都斯不愧为他的继承人，并继续进行了他的研究。但是，解剖学的亚历山大学派此后却衰落了。

学生必知的古希腊文明

和谐之美　灵与肉的依存

　　2500年前古希腊人毕达哥拉斯就喊出了"和谐是最美"的口号。这是一种灵肉之间的和谐。"希腊人竭力以美丽的人体为模范，结果竟奉为偶像，在地上颂为英雄，在天上敬之为神明。"宙斯、阿波罗、阿瑞斯、阿佛洛狄忒等等之所以为神，并非由于他们在精神或道德上有什么值得炫耀的地方，而是由于在肉体方面具有令人羡慕的优势。阿瑞斯代表男性♂，象征永恒的力；阿佛洛狄忒代表女性♀，象征阴柔之美。阿佛洛狄忒和阿瑞斯结合生下一个女儿哈耳摩尼亚意为"和谐"。力与美，是人类精神、体质上的一种内在的，生机勃勃的生命力。希腊最繁荣的古典盛期，古希腊人经过一百多年的奋斗和探索，终于摆脱了自然的束缚，开始自由地把力与美统一在一起。古希腊的雕刻艺术、建筑艺术、绘画、音乐、古奥运会，都是这种统一的活生生的再现。

　　古希腊人对美的热爱，可以追溯到《荷马史诗》《伊利亚特》。特洛伊战争持续了10年之久，希腊人和特洛伊人都付出了惨重的代价。特洛伊人虽然承认海伦像女神一样漂亮，但在他们看来，为争夺这样一个女人而使双方遭受这么多的苦难，他们是不会这样干的。但希腊人却不这样认为。墨涅拉俄斯在特洛伊王宫抓到久别的妻子时，曾妒火中烧准备把她杀死。但海伦那迷人的姿色，使他再也举不起利剑。更叫人不可思议的是，当那些饱经战患的希腊人听说海伦没有死，都愤怒地要用石头把她砸死。但当海伦出现时，他们完全被海伦的美艳所惊呆，手中的石头都悄悄落到地上，接下来是对她的美貌赞赏不已，竟然没有一人责怪这个姿色超人，但却给他们带来灾难的女人。古希腊人这种对人体美的极端爱好，表现在个人方面就是健身运动；表现在公共方面就是体育竞技、公共艺术建筑和人体雕塑。

他们认为肉体自有肉体的庄严，因此他们的雕塑专注于对肉体的入神刻画，例如隆起的肌肉、发达的四肢、虎背熊腰的躯干、优美的形体等，而对人之关键的面部表情，似乎不着力刻画。他们把人体视为一个整体，局部仅仅是富有表现力的一个部分，如果面部表情太过丰富，就会失去整体的平衡。"无论是就姿势还是表情来说，希腊艺术杰作的一般优点在于高贵的单纯和静穆的伟大"（温克尔曼语）。

人体美艺术在希腊文化中占有多么崇高的地位，从一件轶事中可见一斑。在公元前4世纪希腊就出现了一位著名的模特儿芙丽涅。她是来自塞斯皮亚小城的一个平凡女子，却是雅典城里最美丽、最受欢迎、但也是最危险的交际花。作为模特儿，芙丽涅在艺术史上最大的贡献应该是，雕刻大师普拉克西特利斯以她为模特而创作的千古流芳的雕像《尼多斯的阿佛洛狄忒》。芙丽涅的坏名声不单来自她的美貌，还因为一个诽谤性的故事，而这个故事的真实性毋庸置疑。传说在一般的情况下，芙丽涅的美不是任何人都能看到的。她总是穿着合适的衬衣，从不去公共浴场洗澡，人们很少见到她裸体的样子。不过，在海神节上，当所有的希腊人都聚集到伊洛西斯时，她在众目睽睽之下脱光了衣服，松开了头发，光着身子走进大海。此举被视为渎神，她因此受到了法庭的传讯。负责为她辩护的人正是雅典十大演说家之一的许佩里德斯。在案子一筹莫展的时候，无奈中在众目睽睽之下，许佩里德斯猛地冲上前去，撕开芙丽涅的衣裙露出她那美丽的乳房，并对着在场的501位市民陪审团成员说：难道能让这样美的乳房消失吗？刹那间众法官和陪审员们在这美丽绝伦的裸体面前惊呆了，无不拜倒在美的面前。最后，法庭释放了这位爱神的天使。在古希腊，人体美

学生必知的古希腊文明

就是这样赤裸裸地战胜了神圣的、道貌岸然的道德律。《法庭上的芙丽涅》这幅画所表现的，也正是希腊时期所崇尚的"美"的主题——美的纯洁、美的神圣以至美的不可战胜的力量。

古希腊雕塑在世界文化宝库中有着永恒的艺术魅力。在整个西方艺术传统中，崇尚的典范模式、庄重的艺术品格和严谨的写实精神，似乎都能在古希腊雕塑中找到生发与存在的源头。古希腊的雕塑之所以精美绝伦，是源于他们对人体美的倾心追求。古希腊雕像以灵肉和谐，既有健美体魄又有高尚心灵的理想化倾向为主题，最终实现了"以对立方式保持躯体平衡"的原则，并将此原则充分运用到米隆的《掷铁饼者》等雕像上。尤其是希腊化时期的《米洛的阿佛洛狄忒》，几乎集中了古希腊历史发展的所有艺术特征。她的身躯所呈现的简练、概括的曲线，代表了公元前5世纪艺术那种神性庄严的时代特征；面部表情和身体的姿势，使人感觉到公元前4世纪艺术中自由和谐的社会气息；肌肤、衣褶的处理上又可领略到希腊化时期的自然、人间的痕迹。所以"把她雕成裸体是有正当理由的，因为她所表现的主要是由精神加以节制和提高的感性美及其胜利，一般是秀雅，温柔和爱的魅力"。（黑格尔语）

希腊雕塑主要分3个时期，即古风时期（前750—前6世纪末），古典时期（前5世纪下半期—前334）和希腊化时期（前334—前30）。

优雅与庄重的古典之美——古风时期的雕塑：这时期的雕塑艺术因古朴稚拙的风格而得名。希腊雕塑史的大门是从古风时期开始真正开起，因为古希腊雕塑中最突出的人体雕塑是在这一时期奠定的基础。法国美术史家丹纳曾说：希腊人表现人体还有一种全民性的艺术，更适合风俗习惯与民族精神的艺术，或许也是更普遍更完美的艺术，这就是雕塑。人体雕塑艺术是古希腊雕塑艺术之冠。古风时期雕塑的发展有三种样式，即东方化样式、理想化样式和严格样式，最后过渡到古典时期。"微笑"，作为突破埃及的"呆板"，事实上宣告了新的宗教观念和哲学认识已付诸创造的实践，表明了希腊人进入宇宙秩序后的时空自由运作。不管何种身份和职业的人物都用这种微笑表现，成为当时统一的理想化样式，后人称之为"古风式微笑"，讽喻其尚无个性的面部特征。古风中期雕塑以真实的人体形象为模特来塑造神话形象。比较突出的是阿提卡出土的阿波罗立像，健壮的体魄和乐观的情绪，分明表现着希腊社会昂扬而振奋的精神。

到古风末期希腊雕塑形成了一种精谨、严肃与庄重的艺术风格。这种风格的形成与当时的希波战争有关。希腊人面对民族存亡充满了紧张、严肃和崇高的使命感，面对残酷的战争和被毁的家园，希腊人既有强烈的爱国主义精神和勇敢的献身行为，同时也产生了一种痛苦和忧愤的悲剧意识。反映在雕塑艺术上，就是被称作"严格样式"的出现。《海神波塞冬像》（又称《宙斯像》）——这是代表"严谨风格"时期最高成就的青铜雕像。

"古风微笑"转变到表现运动，大约经历了30年，代表作是1928年在优卑亚岛北端阿尔提美西昂海角附近海域中发现的，被称为海神的《波塞冬》青铜雕像，高2.09米。这尊雕像以雄健开阔的动作塑造出海神投掷三叉戟的动态：双臂平衡地前后张开，右手握着三叉戟作投掷之势，左脚跨前一步，右脚稍微提起，全身重心落在两腿之间。这是一种临战姿势，给人以威严无比的气概。这种精神状态正是希波战争中希腊人民英勇抗击侵略者的真实写照。雕像人体结构准确，隆起的肌肉符合解剖学原理，这是"严谨风格"时期成就最高的作品。它造型完美，动作矫健而富有变化，显示了希腊雕刻艺术的成熟。希腊人最终挣脱了东方人的程式，开始了沉溺于古典时期程式的新纪元。

学生必知的古希腊文明

神明的静穆　理性的光辉

希波战争结束至马其顿亚历山大大帝开始东侵（前5世纪下半期—前334），是古希腊雕塑的古典时期。古希腊古典雕塑对西方美术的最大贡献，在于其完整而理想地确立了写实主义艺术原则，将崇高与壮美，典雅与优美融为一体，表现出博大精深的民族风格和艺术气质。古典雕塑对人体比例、解剖结构、运动规律、表情刻画等造型艺术的研究，为人类艺术宝库留下了不朽的经典作品，开辟了最具艺术魅力的美学空间。

古典雕塑不仅是希腊民族的传统艺术，而且具有世界意义的文化遗产。由米隆、菲狄亚斯、波利克里托斯、普拉克希特列斯、斯柯帕斯、利西普斯等雕塑大师完成的艺术品，至今仍是人类艺术史上熠熠生辉的璀璨明珠。

米　隆

米隆（生卒年代不详），古希腊著名的雕塑家，被认为是希腊艺术黄金时期——古典时期的开创者。米隆善于运用写实的手法，创造性地刻画人物在剧烈运动中的动态，他在雕塑中所体现出来的完美的艺术技巧，是许多后世的雕塑家们所望尘莫及的。《掷铁饼者》原为青铜像，已遗失，现存的是古罗马时期的大理石复制品，但我们仍然可以感受到它的传神与美丽。据说米隆本人就曾受到过良好的体育训练，他力大无穷，能肩扛公牛。所以他对体育有着真切的感受，这为他创作优秀的体育类雕塑作品提供了很好的生活体验。《掷铁饼者》取材于古希腊的现实生活中的体育竞技活动，创作于公元前4世纪，刻画的是一名强健的男子在掷铁饼过程中最具有表现力的瞬间。米隆突破了人体雕塑中旧的程式，掷铁饼者弓腰扭身，右腿弯曲，左脚拖后，脚尖点地，很自然地跟上。那只挽着铁饼的右臂摆到身后，到了就要爆发出全身力量的极点。《掷铁饼者》是一个包含多种矛盾和变化的综合体，它是两个动作和姿态的过渡状态，是变化的空间和时间的载体，是多种力量集聚、对抗、较量的力场。这是一件在古希腊雕塑史中成功表现现实人物、探索人体在运动中平衡问题、体现希腊时代精神的经典作品。希腊人以这样精心设计的作品表达他们对世界结构的深刻理解，宣传辩证统一的世界观，炫耀他们驾驭世界的能力。因此，这尊雕像被认为是"空间中凝固的永恒"，以致2000多年后的今天《掷铁饼者》还被作为体育运动的最好的艺术标志。

伯利克里托斯

伯利克里托斯（活动于公元前5世纪后半期）是与菲狄亚斯同时代的阿耳戈斯的雕塑家，他自成一派，故称他为阿戈斯派雕塑家，是古典时期以青铜雕像而负盛名的雕塑家。他所使用的材料都是青铜，现在看到的是大理石复制品。

古希腊历史学家普林尼在他的著述《博物志》里记载了一次颇有趣味的雕塑竞赛。竞赛的主题是为阿耳忒弥斯神庙制作阿玛宗女战士的雕像，参加者除了当时如日中天的菲狄亚斯，还有克列西拉斯、凯顿、弗拉德蒙等名家。当结果揭晓后人们大吃一惊，菲狄亚斯屈居第二，第一名是出生于阿耳戈斯的伯利克里托斯，第三名则是菲狄亚斯的学生克列西拉斯。

能够超过"无人可以超越"的菲狄亚斯，伯利克里托斯必定有自己的过人之处。为了创造美,毕达哥拉斯发现了比例,而发现人体比例的希腊第一人就是伯利克里托斯。作为毕达哥拉斯学派美学精神的继承者,伯利克里托斯实现了比例由神到人的过渡,而且明确建立了"人体比例"的概念系统和操作系统。他提出了"人体各部分的比例来自理想的数值",并奠定了"按对立方式保持躯体平衡"的规范,仅这两点,再加上他创作的不朽的《荷矛者》,足以使他名垂青史,成为希腊雕塑古典时期与米隆、菲狄亚斯齐名的三位大师之一。

伯利克里托斯在创作人体雕塑艺术的同时,认真总结人体比例与运动规律,写成了有关人体创作的《法式》一书。人体最理想的和谐比例是头与全身的比例为1:7,并以此塑造健美的人体艺术。同时,他还注意到人体重心和运动动势的关系,即以一只脚承重而立,另一只脚松弛随意,为适应人体重心的平衡,上肢也相应随之屈伸。这样可以动静有别,节奏明快,表现人体既变化又谐调的对比关系,也展现出力量的美。这是他对古典雕塑如何塑造理想形象的理性探索。

最能表现他的人体比例规范和运动法则,并被用来阐释他的有关人体比例理论的雕塑作品是《荷矛者》。作品塑造了一个具有强健体魄的青年战士,潇洒自然,荷矛而立。他肌肉发达,左手持矛,右腿站立,身体的重心落在右腿上;右手下垂,左腿则稍稍向后弯曲着地。从人体的结构上,可以明显看出艺术家对人体动态的深入研究:随着两脚位置的变化,人体全身的肌肉都随之运动起来,充满了欲动未动的感觉。整个的人体动态十分统一和谐,右脚支撑身体,躯干向左倾,头向右转,全身近似于一个优美的"S"形,仿佛在运动中寻求平衡。人体四肢自然屈伸,交叉呼应,张弛有度又均衡有致,躯干的团块结构与身体的微妙动势,趋向含蓄但不失明确之态。整个人体在严格的比例中显得匀称、结实、健硕,既富有阳刚之气,也不失端庄品格,表现出希腊人对战争英雄的由衷敬意和对完美形象的理想追求。

普拉克西特列斯

奠定古希腊雕塑优美秀润之风格,并最先以女人体表现这种风格的,是古典时期雕塑家普拉克西特列斯(约活动于公元前375年至前330年之间)。普拉克西特列斯是古希腊最受欢迎的雕塑家。他出身雕塑世家,早年跟随雅典雕塑家克菲索陀妥斯学习雕塑。普拉克西特列斯刮掉了以前裸体男子强壮的筋肉,不但使男子形体女性化,而且最终(也是最初)撕扯下了女子的"节日盛装",开启了裸体阿佛洛狄忒的新时代。男性形体不仅是十分娴熟的修长、轻松和柔和,而且自上而下形成三个自然的转折(头、躯干和下肢),使整个身体构成S形的曲线变化,男性人体接近女性人体的曲线美。普拉克西特列斯钟情于大理石的质地细腻的特点,努力追求人体肌肉的细腻变化和美妙含蓄的线条,使整个人体具有女性肌肤的丰满圆浑的美感。他注重在轻松愉快的情调中表现典雅与优美的内在情绪和清新隽永的艺术风格,给人以亲切、温馨、和顺而诗意化的美感。

这种艺术风格的代表作品,就是普拉克西特列斯的云石雕像《赫耳墨斯与婴孩狄俄尼索斯》。赫耳墨斯是众神的使者,他带着幼小的酒神狄俄尼索斯去找半神半人的宁芙,请其收养。这是一件大理石原作,它于1877年由德国考古学家在奥林匹亚的赫拉神庙遗址中发掘的。这件雕像在普拉克西特列斯的全部作品中未占重要地位,可是它让后人真切地领略到这位雕塑家的艺术才能。众神的使者赫耳墨斯左手抱着一个婴儿(即狄俄尼索斯),右臂是在发掘时就断了的,这曾被研究家做了许多的假设。赫耳墨斯的身姿呈相对的曲线姿势,身材修长匀称,雕像琢磨得非常光滑,线条柔和微妙,双眼具有梦幻般的效果,典雅而优美。面部表情显得很温柔,具有宁静与沉思的特色。你看婴儿下面那件衣服的处理,逼真的几乎无懈可击。据说德国一位评论家初看这尊雕像的照片时,很生气地责怪拍照片的人没有把"那块布"拿开。此外，赫耳墨斯的头发，右脚的古代凉鞋和上述的那块布，都是运用不同的手法来表现它的不同的质感的，这是这位雕塑大师的现实主义技巧的卓越表现。《赫耳墨斯与婴孩狄俄尼索斯》这一原作之能被保存下来，是由于安放雕像的赫拉神庙是用晒硬的泥砖砌成的，地面是土。当神庙受地震倒塌时，雕像完全被埋在里面。19世纪70年代时，失去了一只右臂和膝下的两腿（后又在原地找到了右腿）现在所见到的两腿是已经修补过的。此像作于公元前330年—前320年，高230厘米，现藏于希腊奥林匹亚考古博物馆。

人们在评论希腊雕塑时，往往把帕特农神庙的雕塑比作壮丽的史诗，而对普拉克西特列斯所雕作的那些男女裸体雕像则喻为迷人的抒情诗。在他所有迷人的作品中审美价值最高、最迷人的是阿佛洛狄忒雕像，其中最杰出的是《尼多斯的阿佛洛狄忒》。

这本是一座预定供祭祀的神像，而普拉克西特列斯却破天荒地让女神当众裸体！以全裸的形象表现女神，这是前所未有的，普拉克西特列斯是希腊雕塑史上的第一人。为了把阿佛洛狄忒塑造得更理想，他让自己的情人，希腊最美的女人芙丽涅来做模特儿。雕像表现美神阿佛洛狄忒脱去衣服，正欲下海沐浴的情景。美神微妙而含蓄的动作，矜持与羞涩的表情，不仅显现出女人人体丰腴而有节奏的形体和曲线，而且也使人感到女性的温柔与和润之美。据普林尼的记载，当时大师同时制作了两尊女神雕像，一尊是着衣的，一尊是裸体的。结果是，预定作品的科斯人接受了高贵而稳重的着衣像，而拒绝了这尊裸体像。显然，这种表现形式尚未能够符合当时一般对待神的保守思想的要求，所以得不到人们的赞许。不过，公元前4世纪的希腊社会已经开始变化，新的审美需求已经出现突破，创作两尊雕像以及它们后来的遭遇与归宿就是这种变化的反映。裸体阿佛洛狄忒雕像遭到了科斯岛人的抵制，但是却得到了尼多斯岛人的欢迎。人们把它迎回来并供奉在岛上森林中的一座特地为它建造的小庙里。没想到，由于这尊裸体的阿佛洛狄忒雕像，尼多斯岛一举成名，前来旅游参观者络绎不绝，致使此后数百年间此地成了一个有名的旅游胜地。这一雕像甚至在普拉克西特列斯在世时，就出现了复制品和变体。国王尼古来底准备向尼多斯人购买这一雕像，允许豁免尼多斯人的全部巨额债务，可是尼多斯人始终不肯割爱。

从普拉克西特列斯的代表作《尼多斯的阿佛洛狄忒》，我们看到了普罗泰戈拉的"人的尺度"，赫拉克里特的"流溢"和德谟克里特的"灵魂原子"，还有裸体女子的"大胆而自然的含蓄"。

利西普斯

利西普斯（前4世纪—?）是古典时期最后一位重要雕塑家，擅长青铜雕刻，是西库翁学派的代表。他是马其顿亚历山大大帝的宫廷雕刻家，艺术活动于公元前370—312年间，传说他生平创作了1 500余件作品，但没留下一件原作，后世复制的也不多。利西普斯是位大胆的革新者，在比例上突破了伯利克里托斯（当然是扬弃性质的），在理想化上对菲狄亚斯的观念做了"变形手术"，而且精于掌握瞬息变化的运动姿态，善于处理空间，表达人物的个性。他首创了有鲜明空间和着重长、宽、高三方面的雕像结构和表现复杂动作的方法。他的雕塑以比较主观的英雄化和情感化造型为基本特征，表现健硕与高大的人体。他的人体雕塑创作以身体与头部的8∶1为标准塑造形象，同时注重人物复杂而深刻的思想感情和精神风度的刻画，试图追求形象与精神的完美统一。其代表作品《刮汗污的运动员》就体现了上述特征。

健硕的体魄在略为夸张的比例中，显得高大而俊气，自然随意的人体动作使人物形象更为真实而生动。这件作品人们从任何一个角度看都十分完美，所以是公认的古希腊雕塑中第一件真正的圆雕。

学生必知的古希腊文明

《休息中的赫拉克勒斯》则不仅以精湛的雕塑技巧和理想化的比例与结构表现了神话英雄的健壮威武之躯,而且还着重刻画了他的沉思之状,将形象的内在与外在之美融于一体,具有十分感人的艺术魅力。虽然利西普斯是古典时期最后一位雕塑家,但几乎没有"启下"的价值,因为马其顿的大军已涌到了南方和东方,希腊的雕塑泛滥开来,并承受了东方风潮的数次汹涌。希腊化同时具有了"化希腊"的意义。

希腊古典时期的雕塑体现了希腊本土民族雕塑艺术风格的形成。它以精确的写实艺术语言,严格的人体比例和深刻的精神刻画,展示了希腊古典时期雕塑理想化的艺术追求;不论是神的塑造还是人的刻画,都能将希腊人对自然和宇宙、社会与生活的独特理解融为一体,为其后希腊艺术的广泛传播奠定了坚实的基础。

为神造像　巨匠菲狄亚斯

　　古代希腊艺术可以用一个人的名字来象征，那就是菲狄亚斯。他是雅典著名的民主派执政官伯里克利的战友和艺术总顾问，多才多艺，他的艺术体现了希腊古典盛期的最高成就。

　　古代学者认为菲狄亚斯的艺术风格是姿态宁静而高贵，表情肃穆而温雅。对此，后人称为"神明的静穆"。菲狄亚斯塑造的奥林匹亚的宙斯之美不仅使传统的观念益增光辉，而且同神妙的自然也相宜不悖，这正是他崇高艺术的精华。菲狄亚斯胜过一切希腊雕刻家而为后代人怀念和赞美的，正是他身上体现的希腊艺术的精髓：忠实于自然，同时善于净化自然；模仿自然，同时又善于在模仿中驰骋想象力，表现理想。菲狄亚斯正是理想化的巨擘，在他的生前死后，古典风格的特性一直支配着希腊雕塑艺术。可以说"菲狄亚斯"已成为整个古代希腊艺术的代名词。

　　菲狄亚斯（约前490或前485—前432）关于菲狄亚斯的生平，人们只知道他生于公元前5世纪初，约于公元前432年去世。菲狄亚斯曾经在希腊各地从事艺术创作活动，在20来岁时就已蜚声艺坛。他的主要创作生涯是在故乡雅典度过的，他一生最辉煌的业绩是在他领导下重建了雅典卫城，完成了众多的雕刻装饰杰作。希波战争中，雅典受到严重毁坏，菲狄亚斯为雅典的重建作出了卓越的贡献。从公元前450年起主持了雅典卫城的设计和建设，也是整个卫城美术装潢的总设计师。那里的许多雕像、群雕和浮雕都出自他的创作。由于他的杰出成就，人们往往把希腊古典艺术

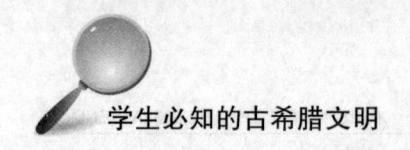

的这一黄金时代称为"菲狄亚斯时代"。雅典娜被希腊人奉为智慧女神和雅典城的保护神。菲狄亚斯为卫城塑造了3尊雅典娜雕像供人们朝拜。根据公民的要求，菲狄亚斯赋予雕像不同的精神象征和形象特征。

这些雕像有的是威风凛凛的戎装战神，有的是端庄宁静的和平少女；有的以青铜为质，寓深沉肃穆之魂；有的用黄金象牙镶嵌，显智慧与富贵之气。其中最著名的是矗立在广场中心高达10米的《女战神》雅典娜青铜塑像，它以自身垂直的形体与建筑物的水平轮廓形成了对比。

在这件女神雕像中，她头戴战盔，身着希腊式连衣长裙，护胸和甲胄上装饰有蛇形饰边和人头像；她裸露双臂，透过薄衣裙可隐见丰艳健美而有力量的身体；衣裙褶纹和饰物造成横竖线条的疏密变化美；她的手势动作可能是执长矛和托物，整个形象富有女性的温柔和充满生命，更多的是人性，绝少神性，这表明希腊化时期艺术已走向世俗化。

这尊《帕特农神庙的雅典娜》是比较有代表性的一个。这尊雕塑是当年帕特农神庙大厅中的主像，但已不复存在。据说雕像高达12米，用木料作胎，面部和裸露部分贴上象牙薄片，战袍、盾牌和武器则用黄金制成，眼睛的瞳孔是用宝石镶嵌的，极其奢侈华贵。据说仅雅典娜穿着的希腊式长衫就消耗了1 100多公斤的黄金。雕像中，雅典娜一身戎装，威风凛凛，她头戴战盔，胸披甲胄，右手托着1.68米高的胜利女神尼刻的金像，左手扶着刻有浮雕的盾牌，盾牌内还有一条巨蛇。头盔上雕刻的是女妖斯芬克斯和两头飞马神兽，胸甲上则是女妖美杜莎的头发。雅典娜体态丰满健壮，右腿直立，左腿微曲，长衫的雕刻厚重有力，自然生动。她的面部造型均匀端正，眉宇清朗，鼻梁挺直，嘴唇微闭，双目炯炯有神，显示出传说中神的崇高和严肃。但同时，她那平和的神情又给人一种平易安详的美丽少女的印象。据说，当时每4年举行一次大型的雅典娜节，可以想象，当灿烂的阳光透过宏伟的神庙大门投射到这尊金光闪闪的巨像上时，是何等的恢宏和壮丽。这正是希腊"黄金时代"的真实写照。这尊雕像是古希腊辉煌时期的典范之作，代表着古希腊雕刻艺术的高峰。

菲狄亚斯的另一杰作，是安放在奥林匹亚宙斯神庙的《宙斯》神像，约于公元前430年所作，以其富于人性的表现力，在当时令人叹为观止，因而名列世界七大奇迹之一。据说他初步完成雕像后，便躲在门后偷听观众的意见，然后再作修改。雕像高14米，全部用珍贵的象牙、黄金以及宝石等材料制作。那极尽豪华富丽的装饰和神态庄重的表情，以及巨大的身躯，表现出希腊人对宙斯的敬畏与崇拜，同时也显示出雅典城邦国家的强盛与霸主之意。但都已失传，所见到的只是复制品。

帕特农神庙巨大的装饰浮雕是由菲狄亚斯任总设计师完成的，这个工程历时15年。神庙中众多的装饰浮雕，虽然不尽出于菲狄亚斯之手，但毕竟是由他负责设计和监制的，从中能直接感受到菲狄亚斯的艺术风格。帕特农神庙的装饰雕刻分为圆雕山墙、高浮雕檐板和浅浮雕饰带等部分。神庙东西山墙的装饰雕塑，分别是雅典娜诞生、雅典娜与波赛冬之争的故事。

《命运三女神》是帕特农神庙雕塑中的经典作品，是希腊古典时期著名的雕塑杰作之一。三位女神是克罗索、克拉西斯和阿特罗波斯。她们的任务是纺制人间的命运之线，同时按顺序剪断生命之线。她们是宙斯的御前顾问西米斯的女儿。人们从三女神的姿态神情中看到的不是神，而是人间姐妹之间的亲密动人之情，从坐躺姿态中隐现出各人的个性气质。古希腊雕刻十分重视形象的整体不可分割性，人体各部分都充分发挥出造型特性，力求表现形象的内在生命。所以尽管形体残缺，但每一个部分都蕴含着生命不息的精神，就是说，雕像的残片也是有生命的活物，观赏者可以通过可视部分的动作姿态联想残缺的部分，从而获得完美的审美感受。在晶莹剔透而富于流动感的衣裙下，包裹着三女神充满生命活力的身躯。希腊式薄衫穿在三女神的身上，纤细而又繁复的湿衣褶，随着人体的结构而起伏，女性人体的优美轮廓，生动地展现出来：柔软丰满的乳房，秀美圆润的手臂，坚实强健的大腿，在紧密、绵延、交错的褶纹显现中，含蓄而又坦荡。尽管群像头部都已经破损，但仍给人一种想象，仿佛能看到均匀而平静的呼吸，活的血液在里面流动，使得这些雕像不像是由冰冷的大理石雕琢而成，而是有血有肉的活生生的人。用诗人海涅的话来说，希腊雕像上的衣纹是身体动势的多音反响。此件现存伦敦大英博物馆。作为雅典卫城重建和雕刻的艺术总监，菲狄亚斯是否亲自动手创作这组浮雕，已不得而知，但可以肯定这是在他指导下完成的，三女神的塑造体现了菲狄亚斯的艺术风格。

整个雅典卫城的建筑雕塑艺术，尤其是帕特农神庙上的装饰雕塑，体现了希腊古典盛期的雕塑成就，它标志着希腊古典雕塑的高峰。罗马帝国时期的希腊传记作家普鲁塔克说过："它们好像年年常春的神物，能够摆脱岁月的折磨；在它们的结构之中，似乎蕴藏着某种永生的活力和不死的精神！"

巧夺天工　希腊化时期雕塑

希腊化时期一般指公元前334年—前30年，又称希腊主义时期。这一时期从公元前334年马其顿亚历山大大帝东征波斯，到公元前30年罗马帝国灭亡埃及托勒密王朝，前后共300余年。马其顿希腊王经过南征北战，使帝国版图跨越欧亚非三大洲，成为希腊的鼎盛时期。崇尚文化艺术的亚历山大大帝使希腊艺术广为传播到东方，又从古代东方文化中吸收营养，从而使东西方文化开始交流与结合，促进了文明的新发展。

同古典时期雕塑相比，希腊雕塑在希腊化时期发生了新的变化，呈现一些与古典时期不同的特色。总体而言，这个新时期的雕塑艺术在形式上失去了古典时期的单纯、平易、和谐、静穆、节制、明朗的特质，少了理想化的色彩，脱离了理想主义的古典美的表现。在题材上雕塑家从丰富多彩的现实生活中选取题材。情感的宣泄、戏剧性的追求、形式语言的雕琢、丑陋与痛苦的表现，主宰着希腊化时期的雕塑创作。由于此时期人的思想是自由的，神也就是现实生活中理想化的人，人本主义思想得到了完全的体现。这一时期涌现出许多姿容各异的美神雕像，但更多关注的是世俗的人体之美。世俗化和戏剧性在这个阶段已成为表现的主体，多样化和多元化是这个时代的要求，既有体现这一时期生死搏斗、美丑相争的时代精神、掺入悲剧性风格的《拉奥孔》；还有具有希腊化时期最壮丽的纪念碑雕塑《萨摩色雷斯的尼刻胜利女神像》；当然能够如此多地具有古典盛期的艺术特征，能够如此深刻地反映出美的崇高品质的雕塑，只有古希腊最伟大的雕塑作品《米洛的阿佛洛狄忒》和《望楼的阿波罗》。

《米洛的阿佛洛狄忒》

《米洛的阿佛洛狄忒》是1820年在希腊米洛岛出土的。自从重见天日的那一天起，它就凝聚了世人无数炙热的目光。健美阳光的肌体、和谐完美的曲线、端庄典雅的相貌，这是一个可以用"完美"来形容的形象。她的身上凝聚了世人对女子与女神的全部理想，带给观者视觉上的愉悦、感觉上的敬畏、灵魂上的激荡。她那半裸的姿势，使整个形象产生了巨大的魅力。她的腿部被富有表现力的衣褶遮住，仅露脚趾。女神上半身袒露丰腴与下半身繁而有疏密节奏的衣裙，形成了秀美与丰满、单纯与复杂的对比和谐，特别是裙褶的变化增添了整个人体的变化和含蓄的美感。她就像一座纪念碑，给人以崇高感，然而其亭亭立姿，却又优美动人。躯体是取螺旋状上升的趋向，略微倾斜，各部分的起伏变化富有音乐的节奏感，美神的内心显得十分宁静。在柔和的光线下，凝视美神那丰腴饱满、劲健柔润的肌肤时，可使人感受到在坚硬而冰冷的大理石里面涌动着旺盛而成熟的生命活力，那是一种青春和理想、纯粹而富有生机的永恒魅力。岁月使这位最美的女神失去了双臂，这是一个不可挽回的遗憾，然而这却恰恰为她增添了一种浑然天成的整体美感。当时曾先后出现修复原作的多种方案，但是，无一方案令人信服，人们终于发现这种残缺形成的整体美，失落产生的遗憾美才是这件雕塑的灵魂所在。

这件大理石雕像高204厘米，她把自然、生命、真、善、美都集中于一身。她不愧为古代希腊雕塑的一个典型代表，不愧为女性美的最高体现。《米洛的阿佛洛狄忒》所透露着的崇高、典雅而精致的优美品格，凝聚了古希腊雕塑最为本质的精神，它既是对人体美的最高赞颂和肯定，也是对美的理想追求和典型塑造，难怪人们将其作为美与爱的象征，亘古不息，绵延至今。当年法国获得此像时，全国顿时沸腾了，人们如视国宝把它珍藏在卢浮宫，被誉为卢浮宫镇馆三宝之一。它每年都吸引着世界各地的参观者，至今各国尊重艺术的人们都觉得能目睹这尊阿佛洛狄忒雕像是人生一大幸事。

《望楼的阿波罗》

继《阿佛洛狄忒》诞生以后，艺术家们又创造了一座男性雕像——《望楼的阿波罗》。这一雕像的诞生引发的震撼力丝毫不亚于阿佛洛狄忒的诞生，人们无不认为，它不仅是古希腊史而且是整个人类史上最伟大的作品之一。阿波罗是希腊神话中最具多重意义和职能的神，是被尊崇得最广泛、最有影响的神，也是最能反映希腊民族精神正统面的神。他是代表克制和理智的理性化身，代表着人性中理智和文明的方面，恰好与代表放纵和痴狂的感性化身的酒神狄俄尼索斯相对应。他使人们认识自己的罪恶，也替人们洗清罪恶。他拥有巨大的权力，主管着光明、青春、医药、畜牧、音乐和诗歌。他反对混乱，主张公正、和谐，是适可而止、清醒节制的象征。他的标准形象为一位俊美的年轻男子。这座裸体雕像成功地展现了一个贵族化了的健美人体形象。这里表现的是阿波罗刚射死了毒龙后的姿态，箭已射出，右手也刚从弓上抽回，但动作并不紧张，显得很潇洒，那种倜傥风度，只有在古代贵族阶级的上层人物身上才可以见到。原作是希腊古典时期后期青铜雕像，高224厘米，古希腊雕塑家列奥哈尔于公元前4世纪末作。原作已佚。此系罗马时期大理石摹制品，因在罗马一望楼上被发现而得名。

《拉奥孔》

出土于罗德岛的著名雕塑《拉奥孔》是希腊化时期表现悲剧精神的重要作品。希腊神话中特洛伊战争的故事讲到，希腊人攻打特洛伊城十年，

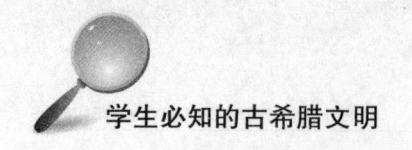

始终未获成功，后来建造了一个大木马，并假装撤退，希腊将士却暗藏于马腹中。特洛伊人以为希腊人已走，就把木马当作是献给雅典娜的礼物搬入城中。晚上，希腊将士冲出木马，毁灭了特洛伊城，这就是著名的木马计。拉奥孔是特洛伊城的阿波罗神庙的祭司，他曾警告特洛伊人不要将木马拉进城内，以免中计。然而他的警告，并没有引起同胞们的重视，反而触怒了雅典娜和众神要毁灭特洛伊的意志，于是雅典娜派出了两条巨蛇将拉奥孔父子三人缠死。这是一个神与人冲突的悲剧。作为祭司预告灾难的来临是他的责任，但他违背了"天意"，因而遭到惩罚。

雕像中，拉奥孔位于中间，神情处于极度的恐怖和痛苦之中，正在极力想使自己和他的孩子从两条蛇的缠绕中挣脱出来。他抓住了一条蛇，但同时臀部被咬住了；他左侧的长子似乎还没有受伤，但被惊呆了，正在奋力想把腿从蛇的缠绕中挣脱出来；父亲右侧的次子已被蛇紧紧缠住，绝望地高高举起他的右臂。拉奥孔抽搐痉挛的肌肉、绝望凄楚的表情、紧张恐惧的动作，被刻画得触目惊心，惨不忍睹。其沉重、真实与不朽的悲剧感，展示出由悲怆而引发的巨大而壮美的精神，撼动天地，震惊人寰。除了美学品格上的这种精神撞击外，整个雕塑还以其高超的写实技巧与精湛的艺术表现力，展示了令人赞叹不已的形式美。准确的剖析结构、贯通的肌肉运动、严谨的躯体造型，充满着真实而动人的情感。更令人惊讶的是拉奥孔的面部刻画，虽没有精雕细琢之笔，但其强烈的动势，夸张的五官，旋动的卷发，都表现出被噬咬的痛苦状与恐惧感。雕像还充分体现了人体与蛇聚敛这一形式矛盾，伸展与收缩、强烈与微妙相互呼应，形成一个有机的艺术整体。尽管这件雕塑有着震撼人心的视觉冲击力和扣人心弦的故事情节，但是"正如海水表面波涛汹涌，但深处总是静止一样，希腊艺术家塑造的形象，在一切剧烈情感中都表现出一种伟大而沉静的心灵"。这正是希腊人那种喜怒不形于色，情感不惑于利的精神美。

雕刻家在作品的构图上有着精心的安排，作品呈金字塔形，稳定而富于变化，三个人物的动作、姿态和表情相互呼应，层次分明，充分体现了扭曲和美的协调，显示了当时的艺术家们非凡的构图想象力。作品中人物刻画非常逼真，表现了雕塑家对人体解剖学的精通和对自然的精确观察，以及纯熟的艺术表现力和雕塑技巧。这是一组忠实地再现自然并善于进行美的加工的典范之作，被誉为是古希腊最著名、最经典的雕塑杰作之一。

《萨莫色雷斯的胜利女神》

希腊本土的《萨莫色雷斯的胜利女神》，高328厘米，是件具有浪漫精神和象征意义的女神雕像。它是为纪念萨莫色雷斯岛的征服者德米特里，在一次海战中大败埃及托勒密王朝的海上舰队而塑造的纪念性雕像。在希腊神话中，胜利与和平女神被称为"尼刻"。遗憾的是，神像在被发掘出来时，头部和手臂已经缺失。雕像的整个动态非常生动，技巧也极为完美成熟，从写实功夫看，足可与古典时期的神像媲美。女神好像面向海洋，在鼓吹胜利的号角，向人们报告胜利的喜讯。挺立如飞的英姿，从她紧贴身子的衣服处理上显示出来。因为海风是迎面吹来的，衣角都向后飘扬，加上那迎风张开的巨大翅膀和充满动势的身姿，使尼刻女神犹如凌空跃动的和平使者，构成了极流畅的线条。晶莹剔透的薄纱般的衣裙下面隐现出这位女神丰满而富有弹性的肉体，似乎有鲜活的血液在汩汩流动。这座雕像手法精到充满生命活力，充满激情。这是一件融浪漫与真实、真实与象征为一体的经典雕塑。现在这座雕像连同原来的台座都被陈列在巴黎的卢浮宫，成为卢浮宫的第二件镇馆之宝。

古希腊雕塑以其恢宏而博大的崇高感，体现了人对美的理想范式及美好生活的寻求，它是积极、健康而鼓舞人心的艺术。尽管它产生于那么久远的年代，但作为典范，无论是艺术还是精神，都具有一定的现实意义。

学生必知的古希腊文明

凝冻的音乐　石质的史书

古希腊是西方文化的源泉，同样也是西方建筑的开拓者。在西方的各种语言中，"建筑"一词均来自古希腊语。古希腊人把建筑师称为"始创者"。在他们的心目中一切造型艺术，如雕塑、绘画等，都是以建筑为本——建筑是艺术与美学之源。

歌德、雨果、贝多芬都曾把建筑称作凝固的音乐，这不仅是二者的确存在的类似与关联：首先建筑材料合乎规律的组合，能给人类似乎于音乐的节奏和韵律的美感；其次二者都运用数比律，建筑与音乐的和谐都源于一定的数量比例关系。建筑还是一部石头垒就的史书。

由于建筑艺术既是一种物质生产，又是一种艺术创作，它所选用的物质材料、结构方式、建筑造型和艺术风格，不仅直接体现着一定社会、时代的物质技术水平和政治、经济状况，而且凝聚着一定的阶级、民族、时代的心理情绪、精神风貌和审美理想，积淀着社会历史文化的记忆。因此人们把建筑称作用"石头写成的历史"。欣赏建筑艺术就像是阅读用石头写成的史书。

希腊建筑就是一切艺术的研究起点，因为它包含的并不仅仅是如何建起一座令后人惊叹不已的建筑物，它包含的还有古希腊人的审美观念，深刻的人文精神。古希腊建筑大致分为三个时期：早期希腊建筑、古典时期的建筑和希腊化时期的建筑。

克里特建筑

在公元前26世纪至前12世纪的"爱琴文明时期",古希腊的建筑尚处在孕育阶段。不过,克里特——迈锡尼文明遗址的考古证明,当时的建筑技术方面已经达到一个极高的层次,使用了上大下小的石柱,掌握了较高水平的石砌技术。而且其内部还进行了极为复杂的装饰,这个时期的典型建筑是克里特岛上的克诺索斯王宫。

王宫是克里特文明最伟大的创造,这里不仅是米诺斯王朝的政治、宗教和文化中心,也是经济中心,因为宫中有众多的库房、作坊、存放经济档案的办公室和征收税款的机关。王宫曾多次改建和扩建,最后落成的王宫是以长方形中央庭院为中心(长51.8米、宽27.4米),倚山而建,地势西高东低,面积达2.2万平方米。

宫内厅堂房间总数在1 500间以上,庭院以西楼房有两三层,以东楼房则有四五层,从东麓远望王宫,但见层楼高耸,门窗敞廊参差罗列,其景观为古代王宫所罕见。庭院西面楼房主要用于办公集会、祭祀和库存财物,东面楼房则是寝宫、客厅、学校与作坊。各层各处都有楼梯相连,尤以庭院东面的中央大楼梯最为宏伟,它有天井取光,三面构成柱廊,梯道宽阔,彩绘艳丽,被誉为王宫建筑最杰出的纪念物。其旁之双斧大厅分内外两室,以折叠门扇相隔,冬可保暖夏可通风,显示米诺斯建筑的灵巧。厅旁的王后寝宫则是一套典型的米诺斯豪华住房,内壁绘有海豚戏水的壁画,优美雅致,浴室、冲水厕所一应俱全,给排水系统先进得令人惊讶,这种卫生设备在古代是独一无二的。和建筑的高度水平相仿,王宫各处的壁画也是古代艺术的上乘之作,内容有向女神献礼、欢庆舞蹈、奔牛比赛等,画中用的颜料是当时从植物和矿物中提炼出来的,以至时隔几千年后其残存的壁画还鲜艳如初,显示了克里特文明注重灵巧秀逸的特色。庭院背面有露天剧场，西侧是长长的仓库，在王宫的东南面有阶梯直通山下。王宫的宫室和长廊、门厅等建筑相连，梯道走廊曲折复杂，厅堂错落，天井众多，布置不求对称，出奇制巧，外人难觅其究竟，整个王宫扑朔迷离，一旦进去，很难出来，是一座真正的迷宫。

迈锡尼建筑

位于希腊半岛的迈锡尼王国的建筑独具特色：其人骁勇好战，其建筑雄伟坚固，多出于军事目的。迈锡尼卫城是迈锡尼文化最重要的建筑遗迹。它的外围有用巨石砌成的长1 000米左右的围护墙，这些石头大的有五六吨重，被建筑学家称为"大力神式的砌筑"。围墙里面有宫殿、贵族住宅、仓库、陵墓、庙宇等。同克里特的建筑相比，迈锡尼建筑显得粗糙简陋。

爱琴文明衰败后，古希腊建筑艺术的发展相当缓慢。由于宗教在古代社会据有重要的地位，因而古代国家的神庙往往是这一国家建筑艺术的最高成就的代表，希腊亦不例外。古希腊是个泛神论国家，人们认为，每一件事物，每一处美丽的地方，都有自己的神，人们为神建造庙宇。和平时期，神庙是朝拜圣地，也是天然的市政中心和文化中心；战争时期，神庙和卫城是民众避难和战斗的堡垒。神庙最终成为城市最主要的大型建筑，城邦人民力量和智慧的象征。希腊神庙是建筑艺术和雕刻艺术的结晶。希腊人把希腊神话和哲学巧妙的表现在神庙建筑上，使神话故事和哲学思想相互掩映、叠合、交叉和融合。希腊的建筑从公元前7世纪末，除屋架之外，均采用石材建造。由于石材的力学特性是抗压不抗拉，造成其结构特点是密柱短跨，柱子、额枋和檐部的艺术处理基本上决定了神庙的外立面形式。其典型型制是围廊式。

柱式建筑　再现希腊精神

　　古希腊建筑所取得的辉煌艺术成就，得益于希腊文化中蓬勃昂扬的人文精神。这种精神一是表现为对任何人体的关心、赞美和尊重，二是表现为对人审美感受的强调和张扬。在它们的影响下，古希腊建筑处处焕发出人性的光辉。例如，它的三种基本建筑语汇——"多立克柱式""爱奥尼柱式"和"科林斯柱式"便分别体现了男人成熟躯体的阳刚之美、女人成熟躯体的轻柔之美和少女酮体的窈窕之美。"女像柱"则直接将美丽人体用于建筑装饰。虽然希腊人也修建了大量的神庙但是这些神庙并没有多少宗教意味。与后来的基督教的教堂和东方的寺庙相比，它们既不神秘，也不封闭，与其说是充满神性的地方，还不如说是一种世俗性的、供大众进行庆典活动的公共场所。

　　到公元前6世纪，希腊人终于创造出完美的柱式建筑体系：多立克柱式、爱奥尼柱式和科林斯柱式。这三种柱式是在人们的摸索中慢慢形成的，后面的柱式总与前面的柱式之间有一定的联系，有一定的进步意义，而贯穿三种柱式的则是永远不变的人体美与数的和谐。可以说，古希腊柱式是古希腊建筑的关键因素，古希腊建筑又是古希腊精神的集中体现。换言之，只有真正理解了古希腊柱式，才有可能理解古希腊建筑；而理解了古希腊建筑，也就掌握了通往古希腊精神圣殿的钥匙，同时也就有可能窥视到西方文明的堂奥。柱式的发展对古希腊建筑的结构起了决定性的作用，并且对后来的古罗马，欧洲的建筑风格产生了重大的影响。

学生必知的古希腊文明

多立克柱式体系大约在公元前7世纪有了初步的模型，到公元前5世纪时，已经在伯罗奔尼撒半岛等地流行开来。多立克柱式是一种没有柱基的圆柱，直接置于阶座上，是由一系列鼓形石料一个挨一个垒起来的。柱身上细下粗，包括柱头柱子的整个高度是底面直径的6倍。在维特鲁威的《建筑十书》中讲到一个故事，非常形象地传达了柱式和人体的关系。雅典人想建一座神庙却苦于找不到一个均衡的原则，如何使柱子既能承载重量又符合美的公众形象呢？因此人们尝试把人的脚长和身高比例搬到柱子上来，男子的脚长是身高的1/6，所以就做成底部直径和高度比为1∶6的柱子。这种多立克柱式显出男子身体比例的刚劲和优美、挺拔与粗壮。柱子最粗的地方在离地面1/3高处，就好像承受重压而鼓足力量一般，增添了柱子的活力，使柱体看起来更饱满。圆柱身表面从上到下都刻有连续的凹槽，凹槽数目的变化范围在16条到24条之间，凹槽之间为棱角。在阳光下，柱身因此产生明朗的起伏转换及阴影效果，使建筑物与天空平面分开，产生出一种特殊的美感。柱头由早期的碗形，变成鼎盛时期的圆锥台形。柱头上便是额枋、檐壁和檐口。额枋紧接柱头，都是平整的石条。檐壁比较讲究由石质间板和三垄板交叉排列而成，并涂以朱红、橘红、淡土黄、蓝和绿等各种不同的颜色，显得庄重、雄浑、朴实。建筑的双面披坡屋顶形成了建筑前后的山花墙体。在这些墙体上，艺术家们发挥自己的想象力，运用圆雕、高浮雕、浅浮雕等装饰手法，雕刻出各种神话。多立克柱又被称为男性柱。著名的雅典卫城帕提农神庙采用的就是多立克柱式。

当人们想要建筑一座献给优雅的阿耳忒弥斯女神的神殿时，"脚长便改用窈窕女子的尺寸。"为了显得更高一些，把柱子的厚度做成高度的1/8或0.95倍。他们在柱头上放上盘蜗饰，像"卷发一样从左右两侧垂下"。柱子上的凹槽贯穿整个柱身，一般是24个，像主妇长袍的皱褶一样下垂。这便成了第二种柱式，即爱奥尼柱式。这种柱式比较纤细轻巧并富有精致的雕刻，柱身较长，上细下粗，但无弧度，柱身的沟槽较深，并且是半圆形的。总之，它给人一种轻松活泼、自由秀丽的女人气质。爱奥尼柱又被称为女性柱。爱奥尼柱式由于其优雅高贵的气质，广泛出现在古希腊的大量建筑中，如雅典卫城的胜利女神神庙和厄瑞克忒翁神庙就是爱奥尼柱式的典型代表。

科林斯柱式因起源于古希腊的科林斯城邦而得名。它形成于古典时期后期，约公元前4世纪罗马受希腊殖民城邦的影响开始应用柱头，公元前2世纪希腊归入罗马的版图后，罗马建筑中柱头更加流行。维特鲁威在他的书中记述了这样一个故事：当时，科林斯的一位少女去世后，悲伤的乳母把一个装有女孩生前宠物的篮子放在她的坟墓顶上，并在篮子上盖上一片瓦。这个篮子碰巧放在一棵莨苕的根上。春天到来，植物发芽了，由于瓦片阻止主茎向中间生长，茎叶便向外弯曲，在边缘形成漩涡形。当雕塑家卡利马科斯路过时，他从中获得灵感，把发芽的莨苕叶子当作"科林斯"柱头的范本。科林斯柱式的这种用莨苕叶装饰，形似盛满花草的花篮柱头，成为它最重要的特征。由此便确定了这一风格，并运用它自身恰当的少女般的对称性确定了科林斯柱式其他部分的比例。柱高与柱径的比例、柱身凹槽的形状与数目，都与爱奥尼柱式相同。它从爱奥尼柱式发展而来，但其造型和风格却更加纤巧，更加华丽。雅典的宙斯神庙采用的就是科林斯柱式。

在三大柱式体系之后还出现一种女像柱式。对于神庙采用女像柱的缘由，维特鲁威在《建筑十书》中解释为：在希腊与波斯的战争中，希腊半岛南部的一个城邦卡里亚投靠波斯，并与希腊其他城邦为敌。战争结束后，这个城邦遭到希腊其他城邦的严厉惩罚，除焚毁城邦外，还将卡里亚人的妻子掳去做奴隶。在神庙上建女像柱，是作为这座城邦永受凌辱的奴隶形象出现的。厄瑞克忒翁神庙南侧廊台用大理石雕刻而成的女像柱代替石柱顶起石顶。她们亭亭玉立头顶重压，长裙束胸，轻盈飘逸，体态优美，神色安详，衣纹自然下垂，颇显风韵。这种构思新奇独特的建筑立柱

学生必知的古希腊文明

是雕塑与建筑的巧妙结合，它以人物形象代替死板的立柱，既符合建筑立柱的要求，又使整个建筑显得生动美观。此女像柱共6根，每位少女为一条腿微曲，一条腿支撑着全身的重心。虽说变化不大，但人物动态和谐优美，很自然地处理了立柱呆板的问题。人物充分发挥了垂直线所具有的力量感和稳定感，密集而拉长的衣纹线条，使女像柱形成向上舒展和显得高大宏伟。由于石顶的分量很重，而6位少女为了顶起沉重的石顶，颈部必须设计得足够粗，但是这将影响其美观。于是建筑师给每位少女颈后保留了浓厚的秀发，再在头顶加上花篮，成功地解决了建筑美学上的难题，因而举世驰名。由于年代的久远，人们早已忘记了它原来的创作意图，留给后人的则是一种美的享受。它们充分体现了古希腊人对神、人、建筑和自然之间的关系的理解。不过你现在在神殿所看到的女像柱都是复制品，为了避免空气污染及保存古迹，现在其中的4座女像柱收藏在卫城博物馆的一个充满氮气的保存箱中，另外左侧的第二根女像柱真品则收藏在大英博物馆中。

古希腊建筑的三种柱式，是希腊文明的标志之一。公元前1世纪奥古斯都时代的罗马军事工程师和建筑师维特鲁威，写了《建筑十书》。在书中，他揭示了古希腊三种柱式的由来。

维特鲁威为现代人传达了希腊人设计和建筑这三种柱式的建筑规则。他认为，这些柱式有着自然界的某些生物种类的特征。虽然他对柱式的规则是从古希腊建筑的真实比例中得出的，但他自称是"在自然界的类似物中发现的"。他坚持认为，希腊神殿的美不是任何一名建筑师想象力的产物，相反的，它包含了自然界，尤其是人体的对称和比例。

维特鲁威当时富有创见地揭示出，人体为建筑的对称如圆形和方形提供了要素。他对人体的描绘，在后来被称为"维特鲁威人体"。维特鲁威对视觉艺术想象的记载，启迪了一代又一代的画家、建筑师，从达·芬奇到威廉·布莱克都，无不从中受益。通过圆形和方形定义人体的尺度，可以得出所有其他的对称要素。于是古代人规定：在完美的建筑中，各个部分对于整个构造应当保持精确的对称。他提醒我们，所有的测量单位都是人的自然比例在整个物质世界的简单运用，如"指长""掌尺""英尺"和"肘尺"（从中指指端到肘的长度）都是古代的长度单位。而且不管我们是像毕达哥拉斯那样认为"完美的数字"是10（指手的数目），还是认为是6（人的脚底长度是身高的1/6），维特鲁威注意到我们仍然是在追随自然界的对称美。

"人体中自然的中心点是肚脐。因为如果人把手脚张开，做仰卧姿势，然后以他的肚脐为中心用圆规画出一个圆，那么他的手指和脚趾就会与圆周接触。不仅可以在人体中这样地画出圆形，而且可以在人体中画出方形。即如果由脚底量到头顶，并把这一量度移到张开的两手，那么就会发现高和宽相等，恰似平面上用直尺确定方形一样。"（参见《建筑十书·第三书》，高履泰译，知识产权出版社，2001）显然，达·芬奇读过《建筑十书》，并且心有独领，他把美的生物学基础（形体和比例）和几何学知识（方形和圆形）联系起来，使《维特鲁威人》在他的妙笔下完美地得以呈现。正是维特鲁威的这段话启发了达·芬奇画就这幅世界名画。

学生必知的古希腊文明

建筑奇迹　帕特农神庙

公元前5世纪初，希腊遭到东方强大的波斯帝国的入侵，雅典城也一时陷落。公元前449年，雅典联合各城邦打败了波斯军队，取得了希波战争的胜利。此后，古希腊城邦空前团结，经济全面繁荣，文化艺术的发展也随之进入了全盛时期——史称"古典时期"，它前后持续了一百余年。这个时期修建最多的还是神庙，此外还有大量公共活动场所，如露天剧场、竞技场、广场和通廊等。这一时期希腊建筑艺术的高度成就集中体现在雅典卫城的神庙建筑群上。它包括卫城山门、帕特农神庙、雅典娜胜利女神庙和厄瑞克忒翁神庙，它们可以称之为世界上最古老、最优美、最完整的大理石建筑群。他们的风格充分表现出成熟的古希腊建筑的神韵：庄严宁静，匀称优美，典雅精致，富于诗意。

雅典卫城

雅典卫城位于希腊雅典市。1987年联合国教科文组织将之作为文化遗产，列入《世界遗产名录》。世遗评价：文明、神话、宗教在希腊兴盛了一千多年。阿克罗波利斯包含四个古希腊艺术最大的杰作——帕特农神庙、通廊（山门）、伊瑞克提翁神庙和雅典娜胜利神庙——被认为是世界传统观念的象征。

卫城位于今天希腊首都雅典的中心，像西藏的布达拉宫那样屹立在陡峭、峻拔的山冈上。这里原来是古代雅典城邦的宗教圣地和公共活动中心。那时候，雅典人每四年一次的祭祀雅典保护神雅典娜的大典就在这里举行。它高出周围的城市地面大约有150米，公元前480年波斯侵略希腊时，这里遭到了破坏。希波战争胜利后，为适应雅典在希腊的霸主地位，伯里克利开始大肆修建卫城，大兴土木，将它建成一组宏伟壮丽的纪念性建筑群。在东西向300米，南北向175米的范围内，一些大小不等的神庙，依山就势，高低错落，高高地耸立在卫城上。由于山势陡峭，只有西端一个通道可以上下，人们只要一登山，就可以看到左边矗立起一堵8米高由石灰石砌的基墙。墙头上屹立着雅典娜胜利女神尼刻的庙宇。沿着基墙转弯，抬头可见雄踞于陡坡上面的卫城山门。一进山门，迎面便是雅典的守护神雅典娜的12米高镀金铜像。走过铜像，在右前方的高台上，就是卫城的主要建筑物帕特农神庙，它是卫城的主殿，也是神庙中的皇冠。再向左偏转，便是厄瑞克忒翁神庙。

　　雅典卫城的建筑群为古代世界艺术史中的杰作，整个布局自然和谐。卫城建筑不采用死板的对称和单调的重复，它与周围的自然界协调一致，几乎完全保留着天然地形的特征。帕特农神庙雄踞于山顶之上，气势庄严而雄伟，是整个建筑群的核心。山门和其他庙宇起着陪衬和烘托作用，在艺术风格上，也都各有千秋。庙宇大小和形式不同，柱式也不相同，它不仅综合了多立克柱式和爱奥尼柱式的艺术风格而且兼容并蓄，在形式上有所创新，从而丰富了建筑群。古罗马的历史学家普鲁塔克称颂卫城"大厦巍然耸立，宏伟卓越，轮廓秀丽，无与伦比"。

　　雅典卫城山门建于公元前437年至前432年，建筑师是姆内西克雷斯。山门是五开间多立克柱式建筑，由中央主体部分和两个不对称的侧翼组成。中部开间较大，柱高虽达8米多，但由于其高细比恰到好处，显得挺拔刚劲，没有粗笨沉重之感。在门内部，沿中央道路又用了3对直径1米左右，柔和典雅的爱奥尼式柱子。

学生必知的古希腊文明

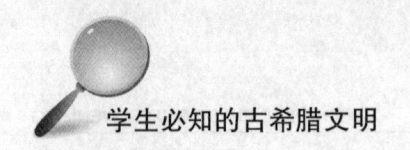

雅典娜胜利女神庙

位于山门右侧。神庙建于公元前449至前421年，采用爱奥尼柱式，台基长8.15米，宽5.38米，前后柱廊雕饰精美，是居住在雅典的多利亚人与爱奥尼亚人共同创造的建筑艺术的结晶。尼刻在希腊众神中是胜利女神，她通常是以插有双翼的形象出现的。传说雅典人为了将胜利女神永远留在他们那边，塑造了没有翼的女神像，从那时起，胜利女神在希腊艺术中总是同雅典娜在一起的，她被称为雅典娜胜利女神。神庙的位置很引人注目，因为传说就是在这里，绝望的雅典王埃勾斯从此处纵身跳入了大海。在17世纪70年代，这座古老的神庙不定期完整地屹立在海峡。1687年，土耳其人在同威尼斯人争夺雅典卫城的战争中无知地拆毁了这座建筑。1835年，考古学家们在这里细致地收集起了无数大理石碎片，在幸存的完整地基上拼凑起了神庙遗址。这座神庙的修复在考古学上极有意义，在这里第一次运用了混合回复技术，它的特点是尽力使用建筑的原始建设方法来修复，除了残石之外，还运用了许多现代材料，但它们之间的区别是一目了然的，这样便于人们更好地欣赏古迹。这座风格高雅的神庙属四柱的廊柱式建筑，就是说，它的正面和背面各拥有四根圆柱，圆柱的柱基被安置在从地面向上的第一级石阶上，连接各圆柱低部的是一组饰有浅浮雕的大理石栏。神庙的大理石是从潘太里科山上采来的，由此山命名。它高6.9米，长8.15米，宽5.4米，主要的、也是唯一的空间三边筑有围墙，只有东面被筑为入口。神庙的整体曾用一条有高浮雕的楣饰联结，楣饰表现的是雅典人同波斯人的战斗情景。在雅典卫城博物馆中可以欣赏到许多浮雕的原作。

帕特农神庙 （前447—前432）位于卫城中心，在希腊语里意为"处女神庙"，是为了供奉雅典城邦的保护神雅典娜而建。神庙主体建筑是长方形的白色大理石殿宇，基座的最上层宽30.8米，长69.5米，分为前殿、中殿、后殿。古希腊围廊式神庙的正面一般都是6根圆形石柱，帕特农神庙打破这一惯例，使用了8根雄伟威严的多立克式石柱，以重扬受到战争之挫的希腊雄风。为避免八柱式门面给人以宽大的感觉，建筑师们有意加高了柱子，柱头上加上额枋、檐壁和屋顶，使帕特农神庙的高度达到了19米，这样它的高和宽的比是1.618，而这恰是黄金分割。这样不仅消除了门面宽大给人带来的不协调感，而且有一种浑然天成的美感，神庙显得更加雄伟、壮丽。四周共有46根多立克式石柱，立在3层基座上。朴实而浑厚的多立克柱式，下粗、上细、中间略微向外凸起，更加呈现出庄严雄伟的气势。庙墙上端石柱之间用92块大理石浮雕板连接，每块上都是一幅神话传说中的战争场景。庙顶东面山花墙位于太阳升起的地方，表现的是雅典娜的诞生：全副武装的雅典娜从宙斯的脑袋中一跃而出；西面的山花墙位于太阳落山的地方，表现的是雅典娜同波塞冬争当雅典保护神的故事。整个外墙的饰带，由高0.9米、长152米的浮雕石板拼成，好像一套连环画，表现了人们欢欣鼓舞参加节日游行的热闹场面。尤其令人惊奇不已的是，帕特农神庙在阳光下闪烁着富丽的色彩！它绝不像我们今天所见的那样，经过亿万次雨水冲刷和风沙侵蚀，已经变得素朴洁白，在废墟上凸现出纯粹的美感。雅典人在帕特农神庙的垅间板和山墙的雕刻背景上涂上了红色，三垅板和檐部其他的垂直线涂上蓝色，其中还细致地间杂着金箔。充满浓艳的色彩润饰的帕特农神庙没有表现出对神的敬畏，它宣泄着希腊人压抑不住的自由欢快的感情。

在神庙正面的主殿内供奉着一尊高达12米的雅典娜雕像，运用了贴金和镶嵌象牙技术，头戴金盔，身着黄金战袍，手持盾牌长矛，脸、臂、脚镶嵌象牙雕成，雍容华贵，栩栩如生。这也是古希腊最著名的雕刻家菲狄亚斯的得意之作，可惜在公元146年被罗马帝国的皇帝强行劫走了。西边的方厅是存放国家财务和档案的地方。像所有的希腊神庙一样，帕特农神

学生必知的古希腊文明

庙不是拜神的礼堂，它是神的居室，是供神像的圣地。在漫长的历史岁月里，帕特农神庙几经天灾人祸，历尽人间沧桑。5世纪时，神庙曾改为基督教堂。后来土耳其人又用作为清真寺。公元1687年，威尼斯军队炮击古城堡，神庙顶端和殿墙被炸塌。19世纪初，庙内大量雕像被英国人艾尔金盗运到英国，现在仅存有神庙大部分石柱和部分其他殿堂和城堡的雄伟山门。

帕特农神庙是希腊人追求理性美的极致表现，例如柱身看起来等宽，实际上是中间略粗，以此矫正人类视觉的错觉；又如柱子看起来都是垂直，其实不然，越外围的柱子越向中间倾斜等等。人们测算过，如果把帕特农神庙四周的柱子按延长线向高空延伸，那么它们会在2.5公里的上空精确地相交于一点，而这一点正是神庙的中心点。看起来像积木一样简单地组装起来的帕特农神庙，其实每一块石头都经过精心的琢磨，绝无雷同，简洁明快，又给人以神秘的、雕塑一般完美生动的印象。整个神庙处处都体现了黄金分割的原理，称得上是多立克式建筑中的最高杰作，被称为"神庙中的神庙"。

厄瑞克忒翁神庙

位于神庙的南面，建于公元前421年至前406年之间，是雅典卫城建筑中爱奥尼柱式的典型代表，建在高低不平的高地上，建筑设计非常精巧。它是培里克里斯制订的重建卫城计划中最后完成的一座重要建筑。传说这里是雅典娜女神和海神波塞冬为争做雅典城保护神而斗智的地方，人们对该神庙有着特殊的崇敬。因为其内原藏有希腊人具有传奇色彩的始祖——刻克罗普斯的墓穴，保存着海神波塞冬三叉戟标志的岩石，以及神庙内喷涌的泉水，所以其场址特别的庄严。

在一块四壁是墙的空地上，也就是神庙的西边耸立着神圣的雅典娜献给人类的油橄榄树。伊瑞克提翁神庙有三个神殿，分别供奉着希腊的主神宙斯、海神波塞冬、匠神赫淮斯托斯；还有雅典城神话般的国王厄瑞克忒翁和他的弟弟布特斯，以及雅典娜和波塞冬祭司的祭坛。从这些就可以看出该建筑设计和建造标准的复杂性。

厄瑞克忒翁神庙东区是传统的6柱门面，向南采取虚厅形式。南端用6根大理石雕刻而成的女像柱代替石柱顶起石顶，充分体现了建筑师的智慧，她们长裙束胸，轻盈飘逸，头顶千斤，亭亭玉立。由于石顶的分量很重，而6位少女为了顶起沉重的石顶，颈部必须设计得足够粗，但是这将影响其美观。于是建筑师给每位少女颈后保留了一缕浓厚的秀发，再在头顶加上花篮，成功地解决了建筑美学上的难题，因而举世驰名。现在真品收藏于博物馆，已用复制品顶替。庙中的雅典娜雕像戎装直立，是所有雅典娜雕像所依据的形象。像前有著名的卡利马丘斯金灯，一年只需加油一次，另有棕榈树形的烟囱和木雕神像。神庙建筑历经沧桑，如今也只能依据这6根少女像柱想象当年的繁华了。

希腊的古典建筑在世界文化史上占有极为重要的地位，对日后各个时代、各个民族的建筑发展都产生了深远的影响。在欧洲，古罗马是它的直接继承者。由罗马而给予欧洲各国的建筑都成为西方建筑的重要源流。到18世纪下半叶，西欧掀起了古希腊建筑艺术复兴的潮流。柏林勃兰登堡门就类似于雅典卫城的山门，它采用了6根多立克式的柱子，气势雄浑、质朴。大英博物馆也是仿照古希腊柱式的建筑物，它的正面是单层爱奥尼柱廊，风格典雅秀丽。19世纪上半叶美国在建筑方面也掀起"希腊风"。在美国有六七个带有"雅典"绰号的城市，城里的建筑也都刻意模仿帕特农神庙。田纳西州的纳什维尔就是其中之一。

公元前4世纪后期到公元前1世纪，是古希腊历史的后期，马其顿王亚历山大远征，把希腊文化传播到西亚和北非，称为希腊化时期。希腊建筑风格向东方扩展，同时受到当地原有建筑风格的影响，形成了不同的地

学生必知的古希腊文明

方特点。

帕加马原是密细亚（安纳托利亚西北部）的一座古希腊殖民城邦，距爱琴海约26公里。城市本身坐落在巴克尔河北岸的一个海角上。在亚历山大大帝的东征之后，地中海地区进入了所谓希腊化时代，帕加马则在继业者战争之后变成了一个由独立王公统治的王国。在阿塔罗斯王朝（前282—前129）统治下，帕加马一度成为一个非常强盛的国家。帕加马城的文化精华主要集中于卫城。卫城建在一个丘陵上，山麓居住的是原住民，山腰居住的是希腊人。山顶建有豪华的王宫、神殿、竞技场、图书馆，从而形成了一个典型的希腊化的都市。帕加马既是帕加马王国的学术文化中心，也是帕加马王国的政治、军事中心，所以当时的帕加马城有"小雅典"之称。

雅典的神庙建筑并没有随着城邦的衰落而停止，但几乎没有几个能超出帕特农神庙的。不过这一时期的建筑开始由神庙建筑向公共建筑转变和宣扬文治武功。希腊化时期曾经修建了许多宏伟富丽的建筑物，如会堂、剧场、浴室、陵墓、图书馆等。

始建于公元前4世纪的埃皮达鲁斯剧场是希腊古典后期建筑艺术的最伟大成就之一。这个剧场位于伯罗奔尼撒半岛的北部，可容纳12 000名观众。它的设计者是著名的雕塑家波里克里托斯的儿子小波里克里托斯。剧场依山而建，利用山坡地势，观众席逐排升高，呈半圆形，并有放射形的通道。表演区是位于剧场中心一块圆形平地，后面有化妆及存放道具用的建筑物。其梯形座位间的和谐，依靠山边掏空的半圆形地形就座的方式，特别是该剧场的音响效果极佳，坐在最远处的观众甚至能听到表演者衣服拖地的摩擦声，使其成为公元前4世纪最伟大的建筑成就之一。

沁人心脾　古希腊音乐魅力

西方音乐源远流长，前后几千年。它的发展，接受了哲学、神学、人类科学甚至工业革命的洗礼，一步一步走到今天。追其根源，又要溯及古希腊。古希腊音乐的起源笼罩着一层神秘的色彩。正如马克思所说："希腊艺术的前提是希腊神话"，"希腊神话不只是希腊神话的武库，而且是它的土壤。"

希腊人认为音乐是由众神创造的，阿波罗既是太阳神，又主管音乐与诗歌等文学艺术，下辖9位缪斯女神，因此音乐也被称为"Music"。只是当时此字并不像我们现在单指的音乐，而是包含了所有的艺术，诗歌、文学、天文、戏剧、历史等都包括在内，而今天所指的音乐一词即源于此。

在乐理方面，古希腊音乐有过杰出的贡献。和谐学，是关于正确求得音程、分割音程的理论，分成偏重数学比率和偏重听觉经验两大派别。前一派由毕达哥拉斯创立。据说他以独弦的弦音指针为试验工具，结果发现1/2的弦长比例可以产生八度音，3/2可以产生五度音，以此类推，证实了简单的数字比率能构成一个音阶所需要的所有音程。但他的主要目的不是为了音乐，而是想通过数学比率与和谐音之间的一致性来解释宇宙之间的奥秘：一切皆是数。毕达格拉斯的数学比率原理遭到了阿里斯多塞诺斯的非议。阿里斯多塞诺斯认为，判断音程和谐与否的唯一标准在于人的感性实践——听觉，即听觉才是感受音乐的基础。凡毕达哥拉斯不能论证的音程，他都凭听觉轻而易举地求出。伦理学，是关于各种不同的音乐具有不同伦理作用的理论。这种理论认为，多立克音乐富于男子气，能使人变得坚强而有节制；弗

学生必知的古希腊文明

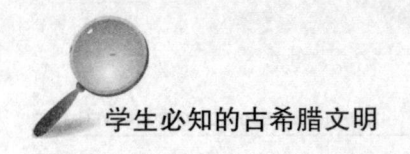

里吉亚音乐使人狂喜；利底亚音乐使人柔弱；混合利底亚音乐则使人悲伤。这种发明与应用无疑是音乐理论方面的重大突破。在乐器制作上也有过许多大胆的革新和创造，发明了一些过去不曾有过的乐器，所以，人们谈到现代西洋音乐的起源，总是要追溯到希腊与罗马时期。

实际上，很多乐器都是神发明创造出来的。传说古希腊的第一把七弦琴（又称里拉琴）是众神的使者、商业之神赫耳墨斯在幼儿时期发明的。赫耳墨斯刚出生就显露出非凡的智慧，他借助布的滑力爬出襁褓，来到特萨利亚山并偷走了他的同父异母兄弟阿波罗的15头神牛。他杀了一头牛给众神献祭，之后回到他出生的山洞。在洞口他发现一只乌龟，把乌龟弄死，他用龟壳做成共鸣箱，用牛角做一对琴拱，牛的肠衣做弦。这样古希腊的第一把七弦琴就诞生了。后来赫耳墨斯把它送给了阿波罗，以此赎罪，从而世界上第一笔商业交易完成。

希腊人不但有弦乐器而且还有管乐器。他们的管乐器由木头或芦苇做成，上面刻有小孔，用手指按着不同的小孔可以吹出不同的调子。这些管乐器中有的是竖着吹，如双管笛，有的是横着吹，如长笛和排箫等。传说双管长笛是智慧女神雅典娜发明的，而排箫则是山神潘发明。这还有一段优美的传说。

古希腊人的音乐观念与现代人存在着一定的差距。对于希腊人而言，音乐是艺术、科学和哲学的统一体。希腊古代没有脱离诗歌的音乐，也没有脱离音乐的诗歌。他们的抒情诗都是为歌唱而作的，诗人和音乐家永远由一人兼任，抒情诗人同时又是作曲家。音乐既可以用于消遣娱乐，同时又在人们的政治、社会、宗教生活中起到举足轻重的作用。基于音乐与神的关系，古希腊人的音乐形式和音乐活动往往和崇拜神的各种宗教仪式不可分割；同时，古希腊人又由此赋予了音乐以某种"神性"，相信它具有影响人类灵魂运动的神秘特质。希腊人在举行宗教仪式时要唱颂歌，斯巴达战士在出征时，更是先要听战歌演奏，以激励他们的战斗士气。斯巴达的合唱曲闻名于整个希腊世界。和着长笛声的曲调，斯巴达人唱着进行曲坚定地走向战场，这时他们会感到神明与自己同在。

古代奥运　传承文明精神

古希腊有一句至理名言："健全的精神寓于健康的身体。"美与力是不可分的，只有发达的肌肉、伟岸的身躯、健全的精神，才能称之为美。所以在希腊人的生活中，锻炼身体，参加体育活动是必不可少的。希腊青年把大多数时间都用在健身场和运动场上，参加各种体育竞技活动，如角斗、跳跃、拳击、赛跑、掷铁饼等，目的是要练成一副结实、健美的身体。

古奥运会初期，参赛者还不是裸体。公元前720年，第15届奥运会上，一个叫奥耳士波斯的运动员在比赛时"兜裆布"意外脱落，当他完全赤裸着身体继续奔跑在跑道上时，全场的人为他健美的身姿震惊。此后的奥运会上，运动员便完全裸体出场。希腊盛产橄榄油，运动员参赛时全身涂满油脂，在阳光下全身熠熠生光，身体显得格外健美。奥耳士波斯死后，人们还在其棺椁上记录了这件事，纪念他这个偶然的特殊功绩。对于肉体的重视使得裸体竞技活动在希腊成为一种非常普遍的现象，人们丝毫不以裸体为耻，相反倒是以自己或自己的子女具有一副矫健的身体而感到无比荣耀。如此崇尚赤身，所表示的既是古希腊人对奥运会的无比崇尚，也是对健美的追求。有人说，奥运会裸体的出现具备偶然性，但这偶然的背后自有它的历史渊源。公元前5世纪，如果说是以力表现美，那么到公元前4世纪，则以美表现力。古希腊人所追求的雄浑崇高加入了优雅秀美。奥运会是神圣的，并具有宗教意义，人们以极其虔诚的心情去参加。

从公元前8世纪开始，希腊人就定期举行各种竞技会，都起源于他们

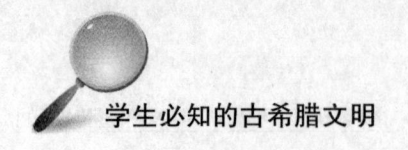

的宗教和神话。当然最著名的是奥林匹克运动会。

古代奥运会的起源一直有各种各样的传说。有人将奥运会看作是宙斯的创造，这使得古代奥运会生来就带有了至高无上的"神授"色彩。

这只是奥运会起源的多种说法之一，但是古代奥运会盛行对宙斯的崇拜却是不争的事实。甚至整个古代奥运会，都可以看作宙斯的祭礼。在每次奥运会开始的第一天，都要在宙斯神庙附近的祭坛上举行盛大的祭礼，运动员和裁判员都要向宙斯神像起誓，保证按照公正的原则获得胜利。

赫拉克勒斯的故事，也是奥运会的起源传说之一。相传在神祇们举办的运动会上，赫拉克勒斯是一位伟大的运动员，他无论在赛跑还是拳击等各种角力中，都是优胜者。赫拉克勒斯是力与美的化身，是希腊人崇拜的偶像。在第一届古代奥运会中，只有一个项目的比赛，那就是赛跑。跑道的长度是192.27米，据说刚好是赫拉克勒斯脚长的600倍。

关于古奥运会起源流传最广的是佩洛普斯娶亲的故事。古希腊伊利斯国王为了给自己的女儿挑选一个文武双全的驸马，提出应选者必须和自己比赛战车。比赛中，先后有13个青年丧生于国王的长矛之下，而第14个青年正是宙斯的孙子和公主的心上人佩洛普斯。在爱情的鼓舞下，他勇敢地接受了国王的挑战，终于以智取胜。为了庆贺这一胜利，佩洛普斯与公主在奥林匹亚的宙斯庙前举行盛大的婚礼，并安排了战车、角斗等多项比赛，这就是最初的古代奥运会，佩洛普斯成了古奥运会传说中的创始人。

奥运会的起源，实际上与古希腊的社会情况有着密切的关系。公元前9世纪—公元前8世纪，希腊氏族社会逐步瓦解，城邦制的奴隶社会逐渐形成，建立了200多个城邦。城邦各自为政，无统一君主，城邦之间战争不断。为了应付战争，各城邦都积极训练士兵。斯巴达城邦儿童从7岁起就由国家抚养，并从事体育、军事训练，过着军事生活。战争需要士兵，士兵需要强壮身体，而体育是培养能征善战士兵的有力手段。战争促进了希腊体育运动的开展，古奥运会的比赛项目也带有明显的军事烙印。连续不断的战事使人民感到厌恶，普遍渴望能有一个赖以休养生息的和平环境。后来伊利斯王伊菲道斯和斯巴达王来库古签订了"神圣休战月"条约。于是，为准备兵源的军事训练和体育竞技，逐渐变为和平与友谊的竞技会。

希腊人于公元前776年规定每4年在夏至后第二次月圆时，在奥林匹亚举行。节期之前的几星期，就派出三个报信人，头戴橄榄叶冠，手拿棍子，从伊利斯出发，奔向希腊各地，邀请希腊人都来赴会。无论是参加竞技者，还是参观者都不得携带武器，这是一个和平的盛会。运动会举行期间，全希腊选手及附近黎民百姓相聚于奥林匹亚这个希腊南部的风景秀丽的小镇。公元前776年在这里举行第一届奥运会时，多利亚人克洛斯在192.27米短跑比赛中取得冠军。他成为国际奥林匹克运动会荣获第一个项目的第一个桂冠的人。

奥运会是古代体育世界的奇迹。体育运动在古希腊人的宗教节日中起着重要作用，他们相信充满竞争的体育运动能取悦死者的灵魂，所以展示人类最精湛的天赋以获得神的认可是再好不过的方法了。奥运会始于公元前776年，每4年在希腊西南部的奥林匹亚山谷举行一次，到公元393年时，头脑发昏的罗马皇帝提奥多西认为奥运会是异教徒的仪式，因此禁止了它。在它的鼎盛时期，竞赛者不仅来自希腊，而且来自罗马帝国和马其顿帝国。最初人们认为奥运会是很神圣的，在运动会期间，人们之间所有的敌视行为停止了。例如，在奥运会停战期间，斯巴达人进攻了敌人的城市，它被罚款的数目相当于100万美元。

运动会上，最重要的五个项目联结在一起竞技称作五项全能。为促进五项中每一项的发展，所有参加人员必须参加所有项目的竞赛，优胜者必须在其中的3项中取胜。第一项是跳远，运动员两手持状似哑铃的重物，自站着的位置起跳。第二项是掷铁饼，那是一个金属或石的圆盘，重约5.44公斤，据说最佳的掷手可掷到30.48米远。第三个项目是掷标枪，在枪杆中间装有一条皮带，以助长投掷距离。第四个项目也是最主要的项目，是全长赛跑，也就是在竞技场的全长全速冲刺。第五个项目是角力，这种

学生必知的古希腊文明

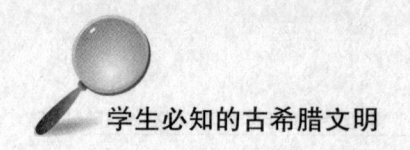

竞赛在当时的希腊极为普遍，希腊文"体育"一词即由此而来。而关于角力冠军的故事，更是不胜枚举。拳击也是一项很古老的竞赛。

除了五项全能中的径赛之外，还有数种其他竞赛。一种是沿竞技场跑2圈，一种是跑24圈；第三种是武装竞赛，参加竞走者都要携带笨重的盾牌。当时希腊人的成绩：有一个人可以追上奔跑的野兔；另外一人和马竞走，全程32.18公里，结果人获胜；其次是菲迪浦底斯一口气跑完自马拉松到雅典的全程，虽然他牺牲了生命，但为雅典带来了马拉松胜利的消息，而马拉松比赛也由此而得名。

当在艰辛疲劳中度过了5天之后，优胜者即接受奖励。每个优胜者都在头上束一条毛织发带，裁判员便装橄榄花冠放在他们的头上，同时信使官宣布得奖者的姓名和所代表的城市。这顶桂冠是奥林匹克运动会仅有的奖品，也是希腊人力图争取的荣誉。纵使是波斯人的入侵都未能阻止奥林匹克运动会的举行，可见其对于希腊人的重要性。

位于希腊伯罗奔尼撒半岛西北部得埃利斯境内，在阿尔菲奥斯河北岸，得名于希腊传说中众神会聚的奥林波斯山。公元前10世纪，奥林匹亚成了礼拜宙斯的中心，是希腊古代宗教圣地和奥林匹克运动会发祥地，世界现存最古老运动场旧址就在其中。1989年被列入世界遗产名录。

奥林匹亚遗址属希腊伊利斯城邦。公元前776年（希腊纪年之始），结合对宙斯神的祭祀，在此举行首次奥林匹亚竞技会，以后每四年召开一次，限希腊男性公民参加。竞技会一直延续到公元394年被罗马皇帝狄奥西多禁止。随着竞技会的废止与河水冲蚀，奥林匹亚长期湮没无闻，直到19世纪20年代法国人开始发掘，才又重现于世。

遗址首次发掘始于1829年，遗迹最早年代为公元前2000—公元前1600年。遗址东西长约520米，南北宽约400米，中心是宙斯神庙和宙斯之妻赫拉的神庙，周围有竞技运动场、健身房、角斗学校、宾馆、运动会主席团办公室、圣火坛以及祭祀住房等与运动会有关的建筑。遗址中右侧的第一个建筑是体育馆。长方形的建筑位于一座大庭院内，供运动员练习标枪、铁饼和田径。在体育馆北侧有一个带院子的正方形建筑，供运动员练习摔跤、拳击和跳高。

宙斯神庙是奥林匹亚遗址最主要、最宏伟的建筑。几千年后，遗址残存的石阶、石柱仍能讲述当年的壮观景象。宙斯神殿建于公元前470年，公元前5世纪由当地建筑师伊利斯人理班监建一座宏伟的庙宇，作为宙斯神殿，并于公元前456年完成，殿前殿后的石像都是用派洛斯岛的大理石雕成，是希腊古典建筑的优秀代表之一。神殿长约66米，宽30米，东西两端各有6柱，南北两面各有13柱，取多立克柱式，全用石料精制。

赫拉神庙也是圣地内最老的围柱式神庙和希腊最早的多立克式神庙之一，约建造于公元前600年。这里供奉着女神赫拉像，殿身狭长，四周有44根廊柱。尽管规模不大，但当今奥林匹克运动会的圣火采集仪式就在这里举行。4世纪初的一场地震摧毁了这座神庙，此后它未被重建。最初的赫拉神庙是木制的，后来才渐渐改造为石头的。因为这个改修过程很长，因此各个部分的风格也不一样，反映出了改造时期的风格，比如其围柱各不相同。神庙内有两尊神像：赫拉的坐像和宙斯的立像。此外神庙还被用来保存许多其他对象比如许多神像和奉献物品。其中之一是保存至今的众神使者赫耳墨斯的神像。此外在奥林匹克运动会上胜者的桂冠也被存放在赫拉神庙里。

2007年8月，一场希腊历史上最大规模的大火烧毁了希腊半个国家的林地，也吞噬了"古奥林匹亚遗址"周围的绿树，烤焦了那里具有2500年历史的石块。幸运的是，在消防人员全力扑救下，这场大火没有进入遗址，但最近的火苗离遗址仅有几米之遥。现代奥林匹克运动发祥地内的神庙、文明遗址和考古博物馆得以幸免于难。"大火逼近奥林匹亚遗址的时候，大风转向，大火绕过遗址向其他方向移动了。"在古奥林匹亚遗址工作的克里斯托斯颇为感慨地说。也许，正是奥林匹亚山上的希腊诸神在保佑着遗址。

奥林匹亚的考古遗迹中的许多建筑和设施，都是为体育比赛修建的。位

于原来的宙斯神殿附近的运动场,是世界上现存最古老的运动场。运动场旧址和周围的许多建筑因长期遭受泥土的堆积,现在都被埋藏于5米至7米厚的泥土下面。发掘后的运动场,曾在公元前4世纪得到扩建。它坐落在长满橄榄树、柏树、桂树的丘陵地带,长200米、宽175米。而现今仍保留完好的则是石制看台的一侧,这里还能依稀看见原来由石灰石铺成的起跑点,周围建筑物的石柱直径都在2米开外。站在看台高处往下看,只见层层石阶,好似涟漪层层的水面。古希腊青年早在公元前1000年前后,就在这里进行竞技。

　　古奥林匹亚体育场毁于战火与风雨,自18世纪始,一批又一批的学者接连不断地来到奥林匹亚考察和寻找古代奥运会遗址。1936年第11届奥运会后,因有部分余款,国际奥委会决定用这笔款项继续对奥林匹亚遗址进行发掘,发现并复原了体育场。古奥林匹亚体育场四周有大片坡形看台,西侧设有运动员和裁判员入场口,场内跑道的长度为210米,宽32米。它与附近的演武场、祭司宿舍、宾馆、会议大厅、圣火坛和其他用房等共同构成了竞技会的庞大建筑群。现遗址上建有奥林匹克考古学博物馆,馆内藏有发掘出土的文物,包括大量古代奥运会的比赛器材和古希腊武器甲胄等。

　　1894年,现代奥林匹克运动之父,法国教育家顾拜旦倡议召开了恢复奥林匹克运动的代表大会,成立了国际奥委会。1896年在雅典举行了第一届现代奥运会。从此,"和平、友谊、进步"就成为奥运会崇高的体育精神。奥林匹亚重现辉煌,再次盛装走向历史的舞台。

　　奥林匹亚是希腊的圣地,它把健康的理念纳入文明,并被全人类接受和延续着。奥林匹亚这个词成了竞争、体育、斗志等等重要概念的同义词,成了世界精神文化的重要遗产。圣贤先哲通过古代奥林匹克运动,告诉你奥运会之所以历经数千年而不衰的秘密:古希腊文明正是由于有着力量、美、理性的三驾马车,才得以在人类文明史上纵横驰骋。

　　暮色苍茫中的奥林匹亚山矗立不语,它深邃的目光穿透历史的烟云注视着今天的奥林匹克人。无论历史烽烟如何变幻,奥林匹克精神都将永存。

传神写照　壁画彩绘互映

　　一提到古希腊艺术，人们总是自然地想到阿佛洛狄忒、雅典卫城、帕特农神庙等雕塑、建筑艺术杰作，好像没有绘画的影子。的确，古希腊绘画在我们的心目中没有一个明确的形象。其实，古希腊的绘画与雕塑、建筑同样精彩，起源上不晚于雕塑。建筑和雕塑虽然不乏精美绝伦的作品，但它们并不能代表古希腊美术的全部成就。现存最早的真实绘画作品来自克里特岛的米诺斯文化。这些作品诞生于公元前1700—公元前1400年左右，画在克里特岛统治者居住的宫殿的墙上。当迈锡尼人于公元前1400年左右摧毁这些宫殿时，一些作品被埋在宫殿的废墟中，幸免于难。

　　到公元前6世纪初，希腊的绘画已经开始摆脱东方传统的影响并且逐渐形成了自己的装饰风格，也产生了一些杰出的画家，据传说有两位希腊画家曾进行绘画竞赛：一个画出鲜美诱人的水果引鸟儿来啄食，而另一个却画出一块布盖在画上，骗得他的对手去揭开。结果当然是后者获胜。可惜的是我们已经看不到他们绘画的真迹，后人只能凭文字记载想象他们先人的创作。

　　不过，还有一个能让人窥视古希腊绘画面目的窗口，这就是所谓瓶画，即绘在陶制器皿上的图画。公元前8世纪的狄普隆墓地的陶瓶，虽已显示出瓶画艺术动人的面貌，但它的黄金时代还得说是在希腊古风时期和古典初期（约公元前650年—约公元前480年）。希腊瓶画经历了"黑绘式"与"红绘式"两个主要的发展阶段：

学生必知的古希腊文明

古雅的黑绘

公元前6世纪，雅典的画师们首先创作出红底黑画技法即"黑绘式"。这项技术相当复杂，陶工们先把高度稀释的釉水涂在陶坯上构成底色，再用更浓更细的釉泥勾画人或动物形象，利用氧化铁还原成黑色、氧化又成红色的原理，通过控制火候、多次烧制，形成画像变黑且有光泽而底色保持浅红的效果。新技术一被创造，立刻得到广泛应用，且名人佳作层出不穷。阿西马斯画家用笔潇洒，气势非凡；普西亚科斯精于写实，善于以简驭繁，常寥寥数语就使人物跃然瓶上；埃克塞基亚斯兼采各家之长，把人物的情感和心理通过动作纤毫无遗地准确传达给观众，因而成为公元前6世纪后期雅典最著名的瓶画家之一，他的《阿喀琉斯和埃阿斯掷骰子》是瓶画中的经典作品之一。

《阿喀琉斯和埃阿斯掷骰子》就是这样一件从制作工艺到内容题材都具有典型希腊瓶画特点的"黑绘"作品。这两位特洛伊战争中的将领，在战争的间隙中坐在箱子上玩骰子。左边的阿喀琉斯全身披挂，随时准备投入战争；右边的埃阿斯比他要放松一些，把沉重的头盔和铠甲放在身后，但是和阿喀琉斯相同的一个耐人寻味的动作细节是，他们都抓着武器，丝毫没有松手的迹象。如此轻松休闲的瞬间，却反映出金戈铁马的战争背景，作者真是用心良苦。在他们之间，掷骰子木箱的上方，写着"三""四"的字样，表示他们掷骰子时发出的吆喝声，再看他们聚精会神的姿态和表情，仿佛这两个人就在我们面前掷骰子般。主体人物阿喀琉斯和埃阿斯被涂成黑色，背景保持陶土的赭色，使形象轮廓突出，有如剪影，细部稍用勾线表现。人物动态的曲线与器型保持高度一致，显得十分优雅和谐。

~ 200 ~

鲜丽明亮的红绘

公元前6世纪末，雅典陶瓶画技又有突破，由黑像画法向红像画技法即"红绘式"转变。所谓红像画，就是把底色涂成黑色，形象本身反成红色。用红像画技法创作的形象更加丰满明亮，线条更为流畅，所以一经发明立刻得到广泛采用。这种风格的优越之处在于，可灵活自如地运用各种线条刻画人物的动态表情，充分发挥线条的表现力。

白底的彩绘

进入古典时期（约前480年—前323），还出现了一种白底彩绘瓶画，绰号"阿喀琉斯画家"的作品代表了这种瓶画的风貌。从黑绘到红绘，再到白底彩绘，反映出古希腊画家的追求，其中的发展变化充分体现着他们把绘画看成是一面镜子，要复现自然的形态，使观画者注视画出来的图像时，觉得跟真实的事物和景象相似。这种模仿自然，再现对象的态度和方式，成为古希腊美术的基本特点之一，对此后欧洲及西方绘画的发展，产生了极其深远的影响。

公元前6世纪至公元前5世纪，壁画和绘画已取代瓶画，占据了主导地位。这一时期最有名的画家是塔索斯岛的波利诺托斯，他的素描完美，相当准确地反映了人体解剖结构；他还特别善于在绘画中表现人的精神状态。

公元前5世纪后半期，希腊绘画有了充分的发展。雅典的著名画家阿波罗多洛斯利用明暗对照的方法作画，创造了阴影画法，使艺术更具真实感。

公元前4世纪，希腊的绘画更是达到了非常完善的境界。这主要是由于绘画家们进一步解决了光的阴暗表现和透视等问题。前者使绘画形象具有立体感，后者给绘画带来深远感。这时最著名的画家有尼基斯、阿贝列斯等人。

学生必知的古希腊文明

家庭婚姻　妇女地位面面观

"在古希腊人短短的历史中，虽然他们在政治方面并无多大建树，但生活上他们是不折不扣的艺术家。所以他们对待妇女这个整体以自然之道作了应有的规限。现代的观点把女人分为两种类型：母亲和交际花。这一点希腊人自古以来就在他们的文化中有所认同，并以此行事。两种女人中的后者我们稍后再谈论，总之希腊人对于母亲总是怀有无上的敬意。一个女人成为母亲后便完成了她的人生使命，以后尽她所想会安排给她做的只有两件事——处理家庭内务和养育后代。"

在古希腊，一夫一妻制是得到承认的婚姻形式，可是纳妾制却很盛行，几乎不受舆论的指责。斯巴达则与其他城邦在婚姻制度方面有所不同，仍保留着群婚的残迹。在雅典，法律禁止成年公民过独身生活，没有正当理由而坚持独身的公民被当成罪犯而受到处罚。

希腊姑娘大约在15岁时即由父亲或媒人为她择婚出嫁，婚姻依政治和经济条件而定。新人可能在婚前根本没有见过面。在选好对象之后，在女方家里举行订婚典礼，届时必须有证人，但姑娘本人则不一定到场。根据雅典法律，没有经过正式的订婚礼，婚姻便无效，订婚被认为是结婚仪式的第一步骤。订婚后数天内，在女方家里举行婚礼，在此以前新郎和新娘在自己家里沐浴，行净化礼。婚礼之日，新娘的父亲准备一顿丰盛的酒宴，妇女们则环绕戴着面纱的新娘参加婚宴。一个双亲健在的儿童拿着一个小筐给客人送面包，并表示美好的祝愿。一般说来，娶亲前，男方要给新娘的父亲送一份丰足的彩礼。公元前5世纪以后盛行女方的父亲要拿出一份陪嫁，通常是现金、衣服、首饰、家具或生活用品。生育公民和家庭合法继承人的婚姻目标，使希腊人的婚姻呈现出近亲结婚的倾向。比较受欢迎的联姻是兄弟的孩子之间或者是叔叔与侄女、舅舅与外甥女之间的结婚。希腊人同样重男轻女。在一个家庭中，一般是男孩占优势。

已婚的希腊妇女终日与女奴共处，指导、监督她们看孩子、洗衣服、做饭、纺织。一位贤妻良母的形象通常被描绘为端坐于织机旁埋首纺织的织工。"勤劳"一词常常用于赞美妇女。除了外出参加城邦公共葬礼及庆祝谷物女神得墨忒耳的地母节外，希腊妇女一年的大部分时间都是待在自己的房间里，不经丈夫允许不得擅自离家。如果出门上街要由女仆做伴，当丈夫的客人来访时，她要退避并单独用餐。希腊法律规定，丈夫可以任意离弃妻子，当然，最正当的理由就是无子和不贞。由于希腊人结婚的目的就是生育家庭合法继承人和城邦公民，因此将不能生育的妻子遗弃被认为是理所当然的。虽然妻子也可以提出离婚，但要诉诸执政官并说明离婚理由。如果丈夫反对离婚，执政官就可能不接受妻子的离婚请求。在古希腊的家庭关系中，提倡子女要孝顺尊敬父母。在《家庭法》中，要求儿子必须赡养处境贫困的双亲，不履行这一义务，就有可能被控告虐待双亲。

在雅典有一条禁止公民和外籍居民联姻的古老法律。在公元前5世纪40年代的某个时候，究竟是像她的一些不怎么宽宏大量的批评者断言的那样是出于精心策划呢，还是命运的趋势的巧合呢，反正来自米利都的阿斯帕西娅（时年十七八岁，正当结婚的年龄）确实是同伯里克利相遇了。也不管是出于哪种原因，反正被搞得神魂颠倒的是伯里克利。在必定是被认为尽快的时间之内，这位已届中年的政治家——此时已经同他的第一位妻子离了婚——就置公众舆论于不顾，把一个永远都不能成为他妻子的女人变成了自己家中的主妇。

在雅典，没有人会对一个同妓女厮混的男人皱起眉头表示异议，而且

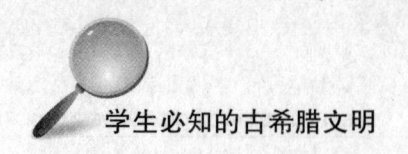

这同一男人把这同一女人带回家充当小妾，也不会眨眼表示惊讶。但是，像伯里克利所做的那样，对这样一女人，而且还是一个外籍居民，给予只有明媒正娶的妻子才配享受的尊崇，这在那些没有宽容精神的人看来就是不可饶恕的了。有一位雅典人直言不讳地道出了自己优先考虑的顺序，他说："不管怎么说，反正我们找妓女是为了寻欢作乐，讨小老婆是为了干家务活，娶妻子是为了给自己生育嫡出的儿女，家里也好有个忠实的看门人。"

从现代角度看，男婚女嫁完全是个人私事，但在古希腊，结婚却不能被当成公民的私人事务，因为婚姻被认为是公民为城邦生育下一代，完成责任的一种必要形式。因此，希腊城邦禁止不婚，斯巴达甚至还有惩罚晚婚的规定，责罚单身汉游街示众，并在游行时自唱受惩罚的原因。

一定程度上，在实行公有制的斯巴达，男女是平等的，它是古希腊给予女人几乎与男人同样待遇的唯一城邦。在斯巴达，妻子不必被关在丈夫的家里，尽管丈夫们只能在晚上偷偷摸摸地和她幽会；妻子也不完全是丈夫的财产，并且还可以以优生的理由，要求与另一个男人结合。尽管她们要忍受孩子完全归城邦所有的痛苦，但她们却可以不必小心谨慎地受一个男人或主人的奴役。也可以反过来说，斯巴达的男性公民没有私有财产，也没有特定的祖先，所以他无权独占某个女人。正如男人们要受战争的奴役一样，女人们其实是在受"母性"的奴役，只不过是在斯巴达，人人都把这种"成规"当成是在履行公民义务，除此之外，他们的婚姻自由不受任何约束。

斯巴达男性到18岁时必须进入士官团接受正规军事训练，包括使用兵器、5项运动和被称为"斯巴达体操"的拳击练习，并在军官的带领下参加夜间捕杀奴隶的偷袭活动。两年后，宣誓效忠国家，开始服兵役，正式成为军人。30岁有权出席公民会议，成为国家的正式公民，并开始结婚。但兵营生活仍未结束，这时他们还要参加公民社团（称"斐迪提亚"），每团15人，社团成员白天在一起军训、过公餐式的集体生活，晚上回家过家庭生活，所以夫妻结婚多年，却不曾在白日里见过面是常有之事。同时，还允许兄弟共妻，加上原始的抢婚式的结婚，斯巴达人只能是先结婚后谈爱情。

在斯巴达人看来，不结婚则是一种罪行，而为爱情结婚也是一种愚蠢的行为，爱情理所当然地应该献祭于战争，所以斯巴达人的婚姻关系是牢固的，妇女的地位相对比较高。

从整体上看，公元前5世纪至公元前4世纪的婚姻家庭生活是衰败的。那些家道较兴旺的有钱阶层分子，早已把大部分时间花在家庭之外，妻子被贬居次要地位，隐居于闺阁之中。她们作为丈夫的社会和文化伴侣的地位早已为外邦女子取代。这些异邦女子多是小亚细亚的爱奥尼亚诸邦中文化颇高的女人。婚姻本身具有政治和经济安排的性质，不再有浪漫成分了。

学生必知的古希腊文明

天之骄子　亚历山大大帝

亚历山大大帝，意为"人类的守护者"，公元前356年出生在马其顿首都佩拉市，公元前323年6月初亡。古代马其顿国王，世界古代史上著名的军事家和政治家。欧洲历史上最伟大的军事天才，马其顿帝国最负盛名的缔造者。历史这样总结他的一生：不是为了赶超前人，而是为了让后人无法超越他。

他足智多谋，雄才伟略，骁勇善战，在统治马其顿王国的短短13年中，以其雄才大略，东征西伐，领军驰骋欧亚非大陆。先是确立了在全希腊的统治地位，后又灭亡了波斯帝国。在横跨欧、亚、非的辽阔土地上，建立起一个西起希腊、马其顿，东到印度河流域上游，南临尼罗河第一瀑布，北至中亚的药杀水的以巴比伦为首都的庞大帝国。他创下了前无古人的辉煌业绩，促进了东西方文化的交流和经济的发展，使古希腊的文明发扬远播，对人类社会的进展产生了重大的影响。

公元前336年夏，腓力二世在女儿的婚礼上突然遇刺身亡，刚满20岁的亚历山大继承了王位。然而希腊诸城很快明白，马其顿王国的统治地位依然是轻易无法撼动的：年轻的亚历山大清剿了整座叛乱的底比斯城，仅留下诗人品达的故居。这一举措足以让其他的城邦胆战心惊。

底比斯的毁灭，确实起到了杀一儆百的作用。希腊诸城邦望风归顺，纷纷表示臣服。随后雅典也表示臣服，并恳求宽恕。没过多久，各邦国又统一在亚历山大的领导之下，承认亚历山大为最高统帅。亚历山大向希腊民众描绘了一个宏伟的梦想，把整个希腊真正团结成一个联邦：在萨拉米斯战争之后150年的今天，他要向敌人波斯王国复仇。

亚历山大远征东方波斯的借口，是波斯人曾践踏过希腊圣地，又参与过对腓力二世的谋杀。据说，临出征前，亚历山大把自己所有的地产收入、奴隶和畜群全部分赠他人。当时有位将领迷惑不解地问道："陛下，您把所有的东西分光，把什么留给自己呢？""希望！"亚历山大干脆利落地答道，"我把希望留给自己！它将给我带来无穷的财富！"随后，亚历山大怀着征服世界渴望，离开故土，踏上了迢迢征程。

公元前334年春，亚历山大渡过赫勒斯滂海峡，开始了长达10年的东征之战。亚历山大在抵达彼岸亚洲后的第一项举措，便是前往特洛伊，到阿喀琉斯的墓冢前鞠躬致意。

亚历山大用以开始远征波斯帝国的军队，由步兵3万名、骑兵5千名和战舰160艘组成。当时波斯帝国却拥有数十万大军，战舰400艘。而且，波斯帝国面积比马其顿王国约大50倍，更何况远东古老而富足的埃及、巴比伦、腓尼基等诸多国家均已被波斯征服，并入波斯版图。尽管力量悬殊，但亚历山大善于从本质上看问题。他深知，波斯帝国虽国土辽阔，军队庞大，威名犹在，但其势已衰，内部四分五裂，皇帝大流士三世是个意志薄弱、缺智乏谋的平庸昏君。而马其顿王国气势正盛，锐不可当。亚历山大借助一举渡过赫勒斯滂海峡之余威，利用己方高昂的士气，一鼓作气，突破敌防线，首战告捷，彻底摧毁了波斯人的士气和抵抗的决心，开辟了向亚洲扩张的道路。不少城邦不战而降，甚至把亚历山大视为将他们从波斯人统治下解放出来的救星。

公元前333年秋，亚历山大又在伊苏斯城附近以其著名的"马其顿方阵"击败了不甘心初战失败的大流士三世。

公元前331年春，亚历山大率步兵4万和骑兵7000向美索不达米亚进军，在尼尼微附近的高加米拉展开了与波斯的最后一场大规模的决定性战斗。大流士三世经过精心准备，拥有骑兵4万、步兵100万、刀轮战车200辆和来自印度的战象15头，与亚历山大军队相比，具有绝对优势。但亚历山大与大流士三世斗智用谋，再次奇迹般的战胜了这位波斯皇帝。特别有趣的是，当仅有不到5万军队的亚历山大命令他的士兵为即将到来的战斗安卧休息、养精蓄锐之时，手握百万大军的大流士三世却因害怕夜袭令士兵彻夜不眠。波斯士兵全副武装，胆战心惊的整整站了一夜，个个无精打采，毫无斗志。次日，即公元前331年10月1日清晨，亚历山大率精神饱满、士气高昂之军进入战场，熟练地运用其机动灵活的"马其顿方阵"，最终战胜了强劲的对手。亚历山大乘胜东进，占领了东方最大的城市、古代东方的文化中心巴比伦，并为自己加了一个称号——"巴比伦及世界四方之王"。

此后，亚历山大又率兵从巴比伦出发，势如破竹地占领了波斯帝国的首都苏撒、波斯波利斯和矣克巴塔那等三座都城。大流士三世在马其顿密集阵的重装步兵的打击下溃不成军，率领残兵败将仓皇逃跑，途中被人杀害，弃尸于路旁。最终还是亚历山大在追赶途中发现了他的尸体，并将其送回波斯波利斯，葬于波斯皇陵墓。其母亲和妻女被亚历山大所俘获，至此古波斯帝国及阿契美尼德王朝遂亡，马其顿军队征服了波斯的全部领土。此战之后，马其顿帝国开始迸发撼山动岳的力量：南征叙利亚和腓尼基，攻占大马士革，苦战7个月，攻下中东文明古城推罗。在公元前332年，不伤一兵一卒，长驱直入埃及，并在地中海沿岸尼罗河三角洲西部建立亚历山大城，作为他伟大战绩的纪念碑。至此一个横跨欧、亚、非三洲的亚历山大帝国建立起来。

有人说，以伯里克利为代表的希腊人创造了一个光荣的希腊城邦时代，却因内部的彼此争斗而逐渐没落。亚历山大大帝却冲出了思维的局限，将眼光投向更加辽阔的外部世界，冲出了蕞尔小邦的界限，用武力将帝国的领土拓展到极限，以文明征服了世界。正如马克思称，"希腊的内部极盛时期是伯里克利时代，外部极盛时期是亚历山大时代。"

公元前327年，马其顿军来到印度，企图渡过印度河上游最东一条支流入侵恒河流域，但由于士兵厌战，又遇到难陀王朝这个劲敌，不敢贸然推进。此时，一路征战的马其顿士兵已经离家8年，行程近3万千米，一路上历尽艰辛，死伤惨重。印度的酷热、暴雨和疾病也消磨着他们的意志，他们渴望停止征战，返回家园。公元前324年，其陆军回到波斯利斯和苏萨，舰队在底格里斯河口靠岸，随后返抵巴比伦，东侵即告结束。

亚历山大大帝的家庭教师是古代世界最伟大的哲学家和科学家——亚里士多德。大师教他珍爱荷马诗歌，教他善待败于己手的敌人，教他以开阔的心胸和远大的视角接纳其他的文明：非希腊人不一定是野蛮人。思想家的远见卓识令人类受益匪浅。在远征以前，亚历山大认为希腊民族是世界独一无二的民族，只有这个民族才真正具有开化的文明，而其他非希腊民族都是野蛮的民族。随着东征，亚历山大逐渐认识到波斯人和希腊人一样具有杰出的智慧和才能，他们也应该受到尊敬。因而亚历山大的思想观念发生了改变，他认为各民族应该是公平平等、和睦相处。他因此产生了一个伟大的计划，想让波斯人、希腊人与马其顿人结为友好的同伴。为了促进马其顿人和波斯人、东方人的融合，亚历山大和大夏贵族罗克珊娜结婚，并鼓励马其顿人和东方女子结婚。在苏萨城，亚历山大举行了一次盛大奢华的结婚典礼，他亲自和波斯国王大流士三世的女儿斯塔提拉结婚。同一天举行婚礼的马其顿将士有1万对之多。在婚礼上，亚历山大宣布：马其顿人和东方女子结婚，可以享受免税权利，他还给新婚夫妇馈赠了许多礼物。

亚历山大东征历时10年，行程逾万里，灭亡了波斯帝国。在西起巴尔干半岛、尼罗河，东至印度河这一广袤地域，建成幅员空前的亚历山大帝国。在东侵过程中，沿途建了许多新城，有好几座是以他自己的名字命名的，最著名的是埃及北部沿海的亚历山大城，今天已经发展为埃及最大的

学生必知的古希腊文明

海港。

公元前323年6月初,亚历山大在巴比伦突然因发热而病倒,十天后就死去了。其时还不满33岁。亚历山大去世前深明人生的虚空,自己奋战十余年,战无不胜,但却战胜不了死亡,并命部下在其死后将自己的棺材两侧留个孔将其两只手伸出,以示后人,他虽一生奋战终仍两手空空离去。靠武力征服建立起来的庞大的亚历山大大帝国也随之瓦解。

亚历山大用武力开辟了一个时代,而这个时代的意义却远远超出了武力的界限,客观上促进了东西方的文化交流。他的帝国在他死后很快四分五裂,不复存在。但是,亚历山大建立的另一个帝国却留存下来,这就是他的文化帝国。亚历山大的文化帝国,是以希腊文化为主体,兼采其他地区文化的庞大帝国。这个帝国的力量要更强大!武器可以夺取人的生命,让人在战栗中顺从;而文化却能占据人的内心,让人在无意中接受。呼啸的马其顿骑兵,可以在荒漠中追杀敌人,把军事帝国的疆域延伸到印度河畔,但是,马匹总有疲惫的那一刻,战士总有老去的那一天;文化的力量,却能够超越时空的限制,把文化帝国的力量拓展到无限广大,无限久远。

交流融合　希腊化时代

"希腊化"一词意即"希腊似的",它与"希腊的"一词形成了对比。"希腊化"时代是亚历山大大帝国的一个文化后果,当亚历山大把战火燃向东方时,他也把希腊的辉煌文化带到了东方。东征后的三个世纪是古希腊文明和小亚细亚、美索不达米亚、埃及以及印度的古老文明相融合的一个进程,时间范围通常认为开始于公元前323年亚历山大去世,到公元前30年罗马吞并最后一个希腊化国家托勒密王朝为止。

这一时代的根本特征是,在东西方文明空前的大交流、大融合中,发展了帝国型大规模集权奴隶制的社会形态,同时孕育出更为普遍和发展的文明成果。其实,文明的交融总是双向的,东方文明也征服了亚历山大大帝及其后继者们,渗透入希腊统治者建立的新社会体制中,深刻影响了希腊文化的演变。所以,应当全面理解希腊化文明的时代特征。希腊化文明不是希腊古典文明的衰落阶段或延伸扩展,而是一种融合希腊与东方文化的独特、新型的阶段性文明,它有自居特色的经济、政治结构和基本文化精神。它基本摒弃了传承400多年的城邦制,建立了适应大规模集权奴隶制的新社会体制,并在继承、更新、兼容希腊古典文化与东方文化中,创造了一种多民族、多元性的文化。希腊化文明的文化即开阔丰富又斑驳错杂,在内容与精神气质上不同于古希腊古典文化。

深受希腊传统影响的亚历山大,身上不乏民主、自由、平等的精神,但对一个专制主来说,东方的专制主义更与他情投意合。亚历山大在东征

学生必知的古希腊文明

中就醉心于东方君主的绝对权威，他自称是埃及天神"阿蒙"之子，头戴王冠、身着紫袍，勒令君臣行跪拜之礼。他采用波斯帝国的行省制，削弱地方权力，实行军事、财政、民政三权分离，由他独断乾坤。亚历山大去世后，他的帝国一分为三：马其顿王国是希腊传统占上风，它统治下的希腊仍然是衰落的城邦制度；塞琉西王国具有东方帝国与城邦制度结合的特征；托勒密王国则带有明显的埃及色彩，以神受王权、世代相袭、专制政治为其特点，但也吸收了希腊城邦政治中建立自治城市的做法。

希腊化文明的经济特征首先是在国家集权控制下发展大型奴隶制经济，东西方的经济交流空前繁荣。随着亚历山大的远征，一个范围广泛的贸易区形成了。其次，亚历山大把波斯窖藏的金银据为己有，并以铸币、珠宝和奢华器具形式把它们大量投入流通领域。再者，除贸易外，专制君主们现在更为自觉地促进生产商品的制造业的发展，把它作为增加国家税收的一个手段。在西面，与意大利、法国、西班牙以及整个西欧、中欧相连，形成以希腊化为中心的地中海经济贸易圈。在东面，主要是建立远东、近东与欧洲的经济贸易往来。三大王国发展了大型的农业与工商业，远超过原埃及法老王朝、波斯帝国及希腊城邦的经济。

在文化上，亚历山大远征使东方文明与西方文明交汇融通结出了更加丰硕的成果。当希腊文化传入东方各国后，与当地文化结合而产生了许多新的成果。东西方文化相互吸取，推陈出新，竞相争艳，使古典文明进入一个新的发展时期。

希腊文化在东方世界广为传播，深入西亚、中亚、直达印度与帕米尔高原。20世纪60—70年代在帕米尔高原发掘出公元前4世纪末的希腊式城市，城内希腊风格的神庙、广场、宫殿、体育馆布局井然有致，并且有希腊文手稿残篇，写着欧里庇得斯悲剧和亚里士多德著作的文句。这种希腊文化在近东、中东的播撒，不仅影响了当时东方各地的原有文化，也为后世伊斯兰阿拉伯文化吸纳希腊文化提供了历史准备。另一方面，在希腊文化和东方原有各种文化传统并存、交融的多元格局中,东方文化对希腊文化的深远影响也不可低估,从伊壁鸠鲁与斯多葛两个学派的那种超越城邦与氏族界限的世界主义思想中,我们便可看到东西方文化的融合对古希腊哲人的影响。就在这个时期犹太教的希伯来文化最初传向了西方,并且和希腊哲学相结合,为后来在罗马帝国时期产生基督教文明最早做了铺垫。雅典虽然也仍保持重要文化地位,但文化的主要中心已经转移到东西文化交会的亚历山大里亚。

学生必知的古希腊文明

文化轴心　亚历山大里亚

"黄金之城"希腊化时代的文化轴心在亚历山大里亚——这个被称作"黄金之城"的城市位于尼罗河三角洲旁浩渺的地中海与广阔的马列奥提斯湖之间。这是希腊化世界最伟大的城市，是亚历山大建立的第一座城市，也是第一个被亚历山大以他的名字命名的城市。

公元前331年，亚历山大从孟菲斯出发前往锡瓦绿洲的阿蒙神庙朝拜，途经此地，觉得在这里修建一座城市非常理想，今后必将繁荣兴旺。于是他满腔热情地准备动工兴建，亲自把城市草图标划出来。在建筑师迪诺克拉蒂斯的具体负责下，直到托勒密王朝时期才竣工。亚历山大大帝死后，他的一个将军托勒密建都亚历山大里亚，开始了长达三百七十多年的托勒密王朝的统治，直至公元前52年，托勒密十二世被逐出亚历山大里亚。而后，则是由罗马庇护下的克娄巴特拉女王统治埃及，直至公元前30年，安东尼与克娄巴特拉自杀，埃及成为罗马的一个行省。虽然历经王朝变迁，但是，希腊文化始终是亚历山大里亚的文明标尺。这也是亚历山大里亚的希腊化不同于环地中海的其他地方之处。在亚历山大大帝死后，他所征服的其他地方，要么本土文化迅速抬头，要么文化的灵性层面受制于后起的罗马文化，希腊文化的理性主义形态则迅速消退。但是，亚历山大里亚的情况有所不同。尽管托勒密家族作为法老统治着埃及，但他们从来没忘记自己马其顿的希腊血统。他们把亚历山大里亚当做首府，来自希腊世界各地的人在这里居住。建城9年后，亚历山大里亚迅速成为一个高度希腊化的国际大都市。到公元前4至公元前3世纪初，该城已成为地中海东部最大的商业与手工业中心，希腊与东方最主要的文化中心。亚历山大里亚不仅是希腊化世界最重要的城市，而且也体现着希腊城市建筑艺术的先进水平。此城周围长达24.14公里，两条长6公里的宽敞的大街把城市分成四大地区：埃及人区、犹太人区、希腊——马其顿人区和皇家区。斯特拉波是这样描述该城的，整个城市街道纵横交错，非常便于骑马和驾车；两条阔达30.48米的最宽敞的街道，彼此成直角相互横断。有漂亮的圣堂及王宫，这些圣堂和王宫占有的面积，达整个城市空间的1/4。

　　托勒密家族建造了许多壮丽的建筑和纪念碑来丰富和美化亚历山大里亚，其中在城外法罗斯岛矗立着一座122米高的灯塔，它也是古代世界的七大奇迹之一。这个灯塔建于公元前279年，并且屹立在亚历山大里亚长达1000多年。

　　亚历山大图书馆　在博物院的设施中最为壮观的是著名的亚历山大图书馆。相传托勒密一世根据一位雅典避难者德米特里乌斯的建议，于公元前295年下令兴建的。通过各种正当不正当的手段，亚历山大图书馆迅速成为人类早期历史上最伟大的图书馆。通过购买和有计划地抄写原稿收集典籍，据说馆内收藏着用希腊文写的每一本书，而每一艘驶进亚历山大港的船只都要接受检查，游客都要将随身带来的书存下，如有价值，图书馆则留下原件，以抄本交还书的所有者，以搜求书籍来增加其馆藏量。亚历山大里亚图书馆藏之富，为古代之冠，其藏书量按不同说法当在50万至100万册之间，拥有公元前9世纪古希腊著名诗人荷马的全部诗稿，并首次在图书馆复制和译成拉丁文字；此外，藏有欧几里得、古希腊三大悲剧作家、亚里士多德、阿基米德等著名学者的真迹著作。不仅于此，由于四方学者纷纷云集此地，使图书馆享有"世界上最好的学校"的美名。于是，文献学和文本评论在图书馆中建立起来，古典希腊作家的文学目录在这里编制出来，以与现代读本没多大差异的形式建立起重读系统并加了标点符

学生必知的古希腊文明

号。亚历山大里亚图书馆馆长都是大名鼎鼎的学者，上面提到的阿里斯塔克、埃拉托色尼就是其中之一。

亚历山大里亚博物院和图书馆最终神秘消失。通说认为它毁于几次大火。最有名的一次应该就是罗马共和国大将恺撒追击庞贝到达埃及后，与埃及法老托勒密十三世作战时放火焚烧埃及舰队和港口，而殃及亚历山大图书馆，馆中珍品过半被毁。后来又接连遭到基督教暴徒和会教徒的两次破坏。新崛起的回教徒在641年征服埃及时，给予亚历山大图书馆以最后的打击，把残留的书籍全部焚毁。